한국인의 영어문장 강화 프로젝트 -3
다채롭고 유연한 영어 쓰기

국립중앙도서관 출판시도서목록(CIP)

다채롭고 유연한 영어 쓰기 / 안수진. 서울 : 한국방송대학교출판부, 2010
　　p. ;　　cm. ─ (한국인의 영어문장 강화 프로젝트 ; 3)
　　　　　　　(아로리총서 ; 014. 소통과 글쓰기 ; 6)

본문은 한국어, 영어가 혼합수록됨
ISBN 978-89-20-00214-4 04080 : \5900

영어 작문[英語作文]

746-KDC4
428-DDC21　　　　　　　　　　　　　　　CIP2010000276

한국인의 영어문장 강화 프로젝트 - 3
다채롭고 유연한 영어 쓰기

ⓒ 안수진, 2010

2010년 2월 16일 초판 1쇄 펴냄
2014년 9월 25일 초판 3쇄 펴냄

지은이 / 안수진
펴낸이 / 조남철

편집 / 박혜원
영문 감수 / 찰스윤
디자인 / 보빙사
인쇄 / 삼성인쇄(주)

펴낸곳 / (사)한국방송통신대학교출판문화원
　　　　　등록　1982년 6월 7일 제1-491호
　　　　　주소　서울특별시 종로구 이화장길 54 (110-500)
　　　　　전화　1644-1232
　　　　　팩스　(02) 741-4570
　　　　　홈페이지 http://press.knou.ac.kr

<지식의 날개>는 한국방송통신대학교출판부의
교양도서 브랜드입니다.

아로리총서 : 소통과 글쓰기-6

한국인의 영어문장 강화 프로젝트 -3

다채롭고 유연한 영어 쓰기

안 수 진

지식의날개

'한국인의 영어 문장 강화 프로젝트' 시리즈는 문법 실수는 별로 없는데 어딘지 모르게 어색하고 빈약하고 비효율적인 문장을 쓰는 '문법은 고수, 문장은 초보'인 분들을 위해 나왔습니다. 또한 이 시리즈는 문법은 잘 모르더라도 좋은 문장을 향한 튼튼한 기초를 다지고자 하는 실속파를 위해 나왔습니다.

이 시리즈의 목표는 틀린 것을 맞게 고치는 데 있지 않습니다. 명백히 틀리지는 않지만 한국 학생들이 자기도 모르게 습관적으로 답습하는 어색한 한국식 표현의 한계를 넘어 한층 더 자연스럽고 풍부하고 효율적인 문장을 구사할 수 있는 능력 개발에 그 목적이 있습니다. 여러분이 이미 구사하고 있는 바르고 훌륭한 표현과 문장 패턴에 품위 있는 다채로움을 가미하는 것 또한 중요한 목적입니다.

이 시리즈의 특징은 특히 한국 학생들의 문장에서 자주 발생하는 '한국적인' 오류들에 대한 체험적 인식을 바탕으로 그 오류들을 바로잡을 수 있는 매우 구체적인 학습 항목들을 제시한다는 데 있습니다. 이 시리즈에 채택된 대부분의 예문이 한국 학생들의 실제 문장을 토대로 만들어진 만큼, 그에 대해 제시된 해결책들은 특별히 한국인들을 위한 맞춤형 전략이라 할 수 있습니다.

☹

문법적으로는 오류가 없지만 지루하고 단조로운 한국식 표현의 문장입니다. 실제 한국 학생들이 습관적으로 자주 구사하는 예문을 모아 보여줍니다. 아마 여러분에게도 매우 익숙하여 별 문제 없이 느껴지는 문장들일 겁니다. 하지만 지금 이 순간부터 이런 어색한 표현은 잊어버리는 게 좋습니다. 네이티브가 구사하는 훨씬 자연스럽고 훌륭한 표현은 따로 있으니까요.

☺

품위 있는 네이티브가 구사하는 다채롭고 유연한 문장입니다. 한국식 표현의 증상을 세밀하게 진단한 후 단 하나의 간단한 처방으로 훌륭한 개선 전략을 제시합니다. 한국식 문장의 지루함이 잘 와 닿지 않던 분들도 이 문장을 보는 순간 자신의 잘못을 깨닫고 다채롭고 유연한 문장의 매력에 빠져들게 됩니다. 익숙해질 때까지 여러 번 읽어 보면서 머릿속에 간직하세요.

📖

다채롭고 유연한 네이티브식 문장을 확장시켜 더 실용적으로 활용하는 방법을 알려 줍니다. '구슬이 서말이라도 꿰어야 보배'인 것처럼 훌륭한 문장을 이리저리 응용해 보면서 적시에 써먹어야 열심히 공부한 보람이 있겠죠. 여기까지 훈련하면 네이티브의 '감'이 어느새 여러분의 좌뇌에 확실히 들어앉았을 겁니다.

❖ 실전문제

당신의 능력을 보여줘야 할 시간입니다. 이젠 불편하게 느껴져 더 이상 참을 수 없는 한국식 표현을 눈에 보이는 대로 색출한 후, 다채롭게 고쳐 주시면 됩니다. 앞에서 처방받은 맞춤형 전략을 잊지 않고 있다면 식은 죽 먹기보다 쉬운 문제들입니다. 문제를 풀기도 전에 답부터 확인하는 약한 모습은 자제해 주세요.

다채로운 문장이란 무엇인가

다채로운 문장이란 문장의 시작, 종류, 구조 등이 단조롭지 않고 다양한 문장을 뜻합니다. 다음 중에서 어떤 것이 다채로운 문장들의 조합일까요?

① I went to a nearby park yesterday afternoon. There were many people in the park. Some were jogging. Others were walking their dogs. There was a big fountain in the center of the park. The fountain was famous for its unique shape.

② I went to a nearby park yesterday afternoon. In the park, there were many people, some jogging, others walking their dogs. In the center of it was the big fountain, which is famous for its unique shape.

동일한 내용을 담은 두 구절이지만, 문장형식으로 보면 첫째 구절은 모두 단순한 단문에, 문장의 시작은 주어 아니면 'There be' 구문입니다. 반면, 둘째 구절에는 단순한 단문과 복합 단문, 복문 등이 어우러져 있고 문장머리에도 주어뿐 아니라 전치사구나 주어·동사 도치를 이끄는 전치사구가 있습니다. 더불어 'There be' 구문의 반복도 없어졌지요. 그러나 이 책에서 말씀드리고자 하는 다채

6

로운 문장은, 그저 다양하기만 한 문장들의 나열은 아닙니다. 다채롭게 쓴다면서 내용에 어울리지 않는 문장형식을 갖다 놓으면 어색하고 억지스러운 문장들이 생깁니다. 되도록 다양한 문장구조를 활용하되 각 문장의 내용과 형식의 조화를 저해하지 않는 올바른 문장을 쓰는 것은, '간결하고 힘찬 영어 쓰기'와 '탄탄하고 명확한 영어 쓰기'에 익숙해진 분들을 영작문의 다음 단계로 진전시키는 중요한 훈련 과정입니다.

왜 다채롭게 써야 하는가

첫째, 나의 표현 능력을 극대화시키기 위함입니다. 글쓰기에서 표현 능력이라 하면 우선 어휘를 떠올리시겠지만, 어휘 이전에 다채로운 문장 구성이 더욱 근본적인 역할을 합니다. 영작문 공부를 할 때, 기본 형태의 단문, 복문, 중문 사용에 익숙해지는 단계에서 그 다음 단계로 나아가지 못하면, 말하고자 하는 바를 웬만큼 전달은 하더라도 단조로운 문장들의 연속에 불만을 느끼게 됩니다. 나아가 자신의 사고와 상상력이 갇히는 느낌마저 받게 되지요. 길게는 다채롭고 유연한 문장을 구사한 좋은 책들을 꾸준히 읽을 필요가 있는데, 그에 앞서 이 책에서 소개한 것과 같은 공식화된 예들을 익혀두면, 훨씬 더 효율적으로 작문 실력을 향상시킬 수 있을 겁니다.

둘째, 독자를 지루함에 빠지지 않게 하기 위함입니다. 노랫말이 아무리 좋아도 리듬과 멜로디에 흥미로운 변화가 없는 노래라면 끝까지 듣지 않거나 다시 듣지 않겠지요. 같은 내용이라도 다채롭고 유연한 문장들로 구성된 글은 독자에게 읽는 즐거움을 줌으로써 글의 의도를 더욱 강하게 각인시킵니다.

책의 구성과 각 장의 취지는 이렇습니다

1장 | 다채로운 단문을 쓰자!

다양한 단문 쓰기는 1권에서 일부 다뤘지만 다채로운 문장 쓰기에서 매우 중요한 부분이기 때문에, 이 책의 첫 장에서 한층 더 다양하고 자세히 다룹니다. 일반적으로 단문이 복문이나 중문보다 더 높은 비중을 차지해야 간결함뿐 아니라 다채로운 문장을 창출하는 데 도움이 됩니다. 이때 단순한 형태의 단문을 반복하는 것은 또 다른 단조로움을 낳는 일이니, 여러 가지 형태의 복합 단문을 쓸 수 있는 능력이 필요합니다. 꼭 익혀두어야 할 내용입니다.

2장 | 다채로운 복문을 쓰자!

복문은 단문만큼 다양하지 않으나, 중문보다는 활용의 묘미가 큽니다. 특히 [부사절＋주절] 또는 [주절＋부사절] 식으로 두 요소를 평면적으로 나열하는 기본형 이상을 알아야 할 필요가 있습니다.

3장 | 문장의 시작을 다채롭게 하자!

문장의 시작을 주어로 하는 것은 영어문장의 기본형이지만, 이

기본형에 너무 의존하지 말고, 다른 적절한 요소들을 주어 앞으로 도치시켜서 문장 시작을 다채롭게 해주는 것이 좋습니다. 따로 크게 연습할 필요가 없는 단순도치는 이 장 도입부에서 간단히 설명하고, 본문에서는 주어·동사까지 도치시키는 이중도치의 예들을 중점적으로 다룹니다.

4장 | 다채로움을 더하는 어휘와 표현을 익히자!

다채롭고 유연한 문장 구성에 도움이 되는 어휘와 문장 패턴을 모았습니다. '가장 많이 쓰이는 문장 패턴 50', '꼭 알아두어야 할 숙어·관용어구 100' 하는 등의 학습서들은 이미 다수 시중에 나와 있으므로 그러한 접근을 피했습니다. 대신 물주구문을 가능하게 하는 동사 또는 동사의 용법, 수동태 단문을 가능하게 하는 동사의 예를 정리하고, 한국 학생들의 문장에서 반복되는 어색하고 단조로운 표현과 문장구조를 개선하는 방법을 제시했습니다.

* 마지막으로 유의하실 점은, 이 책에서 단문, 복문, 중문 하는 것은 대체로 문장 전체를 두고 하는 말이지만, 종종 문장의 어느 한 부분을 설명하는 용어이기도 합니다. 가령 전체 문장은 부사절과 주절이 있는 복문이지만, 주절이 복문에서 단문으로 바뀌면 '단문 만들기' 범주에 넣어 설명하였습니다. 문장 전체가 엄밀하게 어떤 문장인가를 따지기보다는, 문장구조의 변화를 이해하기 쉽도록 변화가 일어나는 부분에 초점을 맞추었기 때문입니다.

차 례

chapter3

문장의 시작을 다채롭게 하자!

chapter 4

다채로움을 더하는 어휘와 표현을 익히자!

chapter 1

다채로운 단문을 쓰자!

다채로운 단문을 쓰자!

영어문장을 집에 비교하면, 주어는 현관문에 가장 가깝지 않을까 합니다. 동사나 수식어구가 여러 개라도 주어는 하나(또는 한 단위)인 문장을 단문이라 하는데, 이는 방이 몇 개이든지 현관문은 하나인 일층 독채와 비슷합니다. 주어가 둘 이상이면서 하나가 다른 것들보다 중요도에서 우위를 차지하는 문장을 복문이라 하는데, 이는 현관문이 따로 달린 이층집 같습니다. 다만 아래층이 더 넓어 주방과 거실 등 주요 생활공간을 품고 있는 형상이지요. 두 개의 독립절이 같은 비중으로 연결된 중문은 나란히 있는 두 독채로서 하나의 현관에서 다른 현관으로 걷기 편안한 보도블록을 깔아 놓은 모습을 연상시킵니다.

한 가족이 살 때, 일층 독채와 이층 독채, 두 개의 독채 중 어떤 것이 가장 보편적인 가옥형태일까요? 대개 일층 독채(또는 복층 구조)겠지요. 많은 가정들이 독채 한 단위에 사는 이유는 경제적으로 독립하지 못한 자녀를 따로 살게 하거나, 식구 수에 비해 불필요하게 큰 집에 사는 것이 경제나 생활, 정서면에서 비효율적이고 부자연스럽기 때문일 겁니다.

우리가 복문이나 중문보다 단문을 많이 써야 하는 이유도 비슷합니다. 'I was too tired. I even didn't want to eat.' 라는 두 개의 단순 단문을 우선 복문, 중문으로 고쳐 놓아 봅시다.

Because I was too tired, I even didn't want to eat. (복문)
I was too tired, so I even didn't want to eat. (중문)

1권에서도 언급한바 있지만, 많은 경우 동일한 주어의 반복은 꼭 필요하지 않은 동사나 접속사, 연결어의 사용을 초래합니다. 말하자면 가족 수도 많지 않은데 굳이 이층집에 살거나 따로 집을 얻는 낭비가 생길 수 있다는 것입니다. 위의 복문과 중문을 다시 복합 단문으로 바꾸는 방법은 여러 가지가 있습니다.

Too tired, I even didn't want to eat. (분사구문 단문)
Because of extreme fatigue, I even didn't want to eat. (전치사구 단문)
Extreme fatigue deprived me of my appetite. (물주구문 단문)

부모와 자식, 형제들이 한 집에 살면 물리적·정서적 거리가 매우 가까워 가장 비중 있는 인물 또는 관계를 중심으로 다양하고 역동적인 관계 구성이 이루어지게 마련이듯, 복문이나 중문을 하나의 단문 안에 압축하면 여러 종류의 관계 구성이 가능해집니다. 다채로운 문장 쓰기에서 다양한 단문 활용은 무엇보다 중요한 덕목이니 잘 익혀 둡시다.

분사구문을 쓰세요

> 😖 After I entered high school, I became addicted to computer games.
>
> 내가 고등학교에 들어간 이후에 나는 컴퓨터 게임에 중독되었다.

위와 같이 주어가 일치하는 경우, 분사구문은 [복문 → 단문] 전환을 가능하게 하는 가장 흔하고 유용한 방식입니다. after, before, while, though, although, when, if 등이 이끄는 부사절이 이 방식에 어울리지요. 반면, 이유를 표현하는 because, as 절은 그대로 부사절로 쓰는 편이 낫습니다.

> 😊 After entering high school, I became addicted to computer games.
>
> 고등학교에 들어간 이후에 나는 컴퓨터 게임에 중독되었다.

* 주의 | (al)though, when, if 등에서는 ~ed 형태의 수동태 분사구문이 더 어울리고, 다음과 같이 능동태 분사구문이 될 경우는 그냥 복문으로 쓰는 경우가 더 많습니다.

· Though enjoying the movie, I didn't want to watch it again. (△)
· Though I enjoyed the movie, I didn't want to watch it again. (○)
그 영화를 재밌게 보긴 했지만 다시 보고 싶진 않았다.

· If needing a new email account, you have to visit our homepage. (△)
· If you need a new email account, you have to visit our homepage. (○)
새로운 이메일 계정이 필요하시면 저희 홈페이지를 방문하셔야 합니다.

☹ The teacher was surprised and she asked me to bring my mother to the school.

선생님은 깜짝 놀라셨고, 엄마를 학교에 모시고 오라고 하셨다.

우리말로 'A 하면서 B 한다'를 뜻하는, 동시에 일어나는 일들은 분사구문이 안성맞춤입니다. 따라서 위와 같은 중문이나, The teacher was surprised. She asked me to bring my mother to the school. 하는 식의 두 문장을 하나의 단문으로 엮는 것도 좋습니다.

☺ Surprised, the teacher asked me to bring my mother to the school.

선생님은 깜짝 놀라시며 엄마를 학교에 모시고 오라고 하셨다.

☹ Parents should watch TV with their children and continually exchange opinions.

부모들이 아이들과 함께 텔레비전을 보고 계속 의견을 교환해야 한다.

위와 같은, '주어＋동사1＋and＋동사2' 하는 단문의 형식이 어색한 경우가 종종 있습니다. 동시에 일어나는 여러 가지 상황은 and로만 연결하지 말고 분사구문을 씁니다.

☺ Parents should continually exchange opinions, watching TV with their children.

부모들이 아이들과 함께 텔레비전을 보면서 계속 의견을 교환해야 한다.

* 비교 | and로 여러 동사를 연결하는 단문이 자연스러울 때는, 사건에 시차가 있거나, 각기 다른 사항을 나열할 때입니다.

· I parked my car in the underground parking lot and took an elevator.
지하 주차장에 차를 주차해 놓고 승강기를 탔다.

· To find the answer, I searched the internet, called my friends, and consulted my professor.
답을 찾기 위해 나는 인터넷도 찾아보고, 친구들에게 전화도 하고, 교수님을 찾아뵙기도 했다.

Although Mother was engrossed in reading on the sofa, she seemed to know what happened in the kitchen.

어머니께서 소파에 앉아 독서에 몰두하고 계셨지만 부엌에서 일어난 일을 다 아시는 듯했다.

Although engrossed in reading on the sofa, Mother seemed to know what happened in the kitchen.

어머니께서 소파에 앉아 독서에 몰두하고 계셨지만 부엌에서 일어난 일을 다 아시는 듯했다.

I played computer games eight hours a day, and I studied very little.

나는 하루에 여덟 시간씩 컴퓨터 게임을 했고 그리고 나는 공부는 거의 하지 않았다.

I played computer games eight hours a day, studying very little.

나는 공부는 거의 하지 않으면서 하루에 여덟 시간씩 컴퓨터 게임을 했다.

He cried bitterly over her death and regretted not having called her.

그는 그녀의 죽음에 비통한 눈물을 흘렸고 진작 전화하지 않은 것을 후회했다.

He cried bitterly over her death, regretting not having called her.

그는 진작 그녀에게 전화하지 않은 것을 후회하며 그녀의 죽음에 비통한 눈물을 흘렸다.

❖ 실전문제 Ⅰ 분사구문이 들어간 단문으로 다시 써보
세요. 분사구문이 어울리지 않는 문장에는 ○표를 하
세요.

1. Even though I was utterly humiliated, I tried to
continue to speak.
⇨

2. He twirled my hat twice in the air before he gave it
back to me.
⇨

3. When you are faced with racial discrimination, you will
experience either severe frustration or anger.
⇨

4. Punishment only forces me to do something and
eliminates my interest in the work.
⇨

5. I spent three years drifting around the world while I
was writing a novel.
⇨

6. The teacher was holding a long wooden rod and
scolding a student in the teachers' room.
⇨

7. If you watch them carefully, you'll see how manipulative they are.

⇨

8. I ate only what I liked and didn't do much exercise.

⇨

9. She put a small pot on the gas range and poured a bottle of fresh water into it.

⇨

10. They didn't follow the instructions and had everything in their own way.

⇨

11. The government should share the financial burden with employers and impose heavier punishment against any violations.

⇨

답 | 1. Even though utterly humiliated, I tried to continue to speak. 2. He twirled my hat twice in the air before giving it back to me. 3. When faced with racial discrimination, you will experience either severe frustration or anger. 4. Punishment only forces me to do something, eliminating my interest in the work. 5. I spent three years drifting around the world while writing a novel. 6. Holding a long wooden rod, the teacher was scolding a student in the teachers' room. 7. ○ 8. I ate only what I liked, doing little exercise. 9. ○ 10. Not following the instructions, they had everything in their own way. 11. The government should share the financial burden with employers, imposing heavier punishment against any violations.

유사 분사구문을 쓰세요

☹ I ran into a group of strange-looking men, and some of them were wearing long beards.

이상하게 생긴 남자들 무리와 우연히 부딪혔고, 그들 중 일부는 긴 턱수염을 하고 있었다.

복문에서 부사절과 주절의 주어가 일치할 때 만들 수 있는 것이 '진짜' 분사구문이라면, '유사' 분사구문은 중문을 재료로 만들어집니다. 그 조건은 첫째, 두 문장의 주어가 일치하지 않아야 하고 둘째, 뒷문장의 주어가 앞 문장에서 언급된 내용의 일부이거나 그 원인 및 성격 등으로 밀접한 내용적 관련성을 지녀야 합니다. 연결어를 빼고 둘째 문장의 동사를 분사로 바꿉니다.

☺ I ran into a group of strange-looking men, some of them wearing long beards.

이상하게 생긴 남자들 무리와 우연히 부딪혔는데, 그들 중 일부는 긴 턱수염을 하고 있었다.

- -

☹ Men's financial burdens have decreased immensely, and it provides them with more time for enjoying their lives.

남성들의 재정적 부담이 엄청나게 줄었고, 그로 인해 그들은 인생을 즐길 더 많은 시간을 갖는다.

중문에서 둘째 문장의 대명사 주어(it)가 앞 문장 전체를 가리킬 때는, 연결어와 주어를 생략하고 동사를 분사형태로 바꿔줍니다. 이 경우, 앞서 언급한 '진짜' 분사구문과 달리 이 분사구문은 문장머리로 나올 수 없으며, 의미는 언제나 앞 문장의 '결과' 여야 합니다.

😊 Men's financial burdens have decreased immensely, providing them with more time for enjoying their lives.

남성들의 재정적 부담이 엄청나게 줄어 그들은 인생을 즐길 더 많은 시간을 갖는다.

＊비교 | Men's financial burdens have decreased immensely, which provides them with more time for enjoying their lives. 로 써도 의미는 같습니다.

No one sat next to him, and the reason was that he was quite drunk.

아무도 그 사람 옆에 앉지 않았고 그 이유는 그가 잔뜩 취해 있었기 때문이다.

⋮ ⋮

No one sat next to him, the reason being that he was quite drunk.

아무도 그 사람 옆에 앉지 않았는데, 이유는 그가 잔뜩 취해 있었기 때문이다.

I cleaned her desk without her permission, and it put her into a rage.

나는 그녀의 책상을 허락도 없이 청소했고, 그 때문에 그녀는 화가 났다.

⋮ ⋮

I cleaned her desk without her permission, putting her into a rage.

나는 그녀의 책상을 허락도 없이 청소했고, 그 때문에 그녀는 화가 났다.

1. I found two small boxes in the drawer, and each of them was wrapped in silver paper.

⇨

2. My aunt has written seven books, and the subjects range from cooking to traveling.

⇨

3. I gave detailed instructions to the volunteers, and they learned them by heart.

⇨

4. I am under heavy stress, and much of it comes from my unstable job status.

⇨

5. Eventually our conversation turned into a quarrel, and the cause of it was my hasty conclusion.

⇨

6. When we sit on a chair, our thighs are pressed down, so it slows down our blood circulation.

⇨

7. The company improved its customer services, and it led to a 15 percent sales increase.

⇨

8. Nobody bothered to explain the reason to me, and it was unfair.

⇨

9. Our story was broadcasted through local channels, and it inspired other soldiers to find someone who needed their help.

⇨

10. The cost of apartments in the Seoul area is too high, so it blocks out the majority of Koreans.

⇨

답 | 1. I found two small boxes in the drawer, each of them wrapped in silver paper. 2. My aunt has written seven books, the subjects ranging from cooking to traveling. 3. ○ 4. I am under heavy stress, much of it coming from my unstable job status. 5. Eventually our conversation turned into a quarrel, the cause of it being my hasty conclusion. 6. When we sit on a chair, our thighs are pressed down, slowing down our blood circulation. 7. The company improved its customer services, leading to a 15 percent sales increase. 8. ○ 9. Our story was broadcasted through local channels, inspiring other soldiers to find someone who needed their help. 10. The cost of apartments in the Seoul area is too high, blocking out the majority of Koreans.

압축 주어를 쓰세요 (1)

☹ When you become a college student, you should be responsible for your actions.

네가 대학생이 되면 너의 행동에 책임을 져야 한다.

☺ A college student should be responsible for his or her actions.

대학생이라면 본인의 행동에 책임을 져야 한다.

☹ If you change the shape of your nose, it may give you a better-looking nose, but not a better-working one.

만일 당신이 코의 모양을 바꾸면 그로 인해 더 잘 생긴 코를 얻을 수는 있으나 더 성능 좋은 코를 얻는 것은 아니다.

☺ Changing the shape of your nose may give you a better-looking nose, but not a better-working one.

코의 모양을 바꾸면 그로 인해 더 잘 생긴 코를 얻을 수는 있으나 더 성능 좋은 코를 얻는 것은 아니다.

　　부사절의 주어가 주절의 주어와 일치하거나 막연한 일반주어이면서 분사구문으로 바꾸기에는 어색할 때, 부사절의 서술부 중 일부를 그대로 혹은 약간 변형된 형태로 고쳐 주어로 삼습니다. 〔부사절 → 주어〕로 변형되면서 〔복문 → 단문〕의 전환이 일어납니다.

😫 It was an unfortunate event, but it gave me a priceless lesson.

그것은 불행한 사건이었지만 그것은 내게 값으로 매길 수 없는 교훈을 주었다.

😊 The unfortunate event gave me a priceless lesson.

그 불행한 사건은 내게 값으로 매길 수 없는 교훈을 주었다.

😫 I postponed doing my homework and I felt much more stress.

나는 숙제를 미뤘고 훨씬 더 큰 스트레스를 받았다.

😊 Postponing doing my homework caused me much more stress.

숙제를 미뤘더니 스트레스가 훨씬 더 커졌다.

두 독립절이 연결된 중문의 경우에도 비슷한 원칙이 적용됩니다. 즉 하나의 독립절이 주어가 되면서 〔중문 → 단문〕으로 전환되는 것이지요. 두 번째 예문에서처럼, 복문이든 중문이든 원래 주절의 동사를 그대로 쓰는 것이 여의치 않으면 다른 적절한 동사로 교체해 줍니다.

If you are a newborn baby, you can't speak the simplest word.

만일 당신이 신생아라면 가장 단순한 말도 할 수 없다.

⋮ ⋮

A newborn baby can't speak the simplest word.

신생아는 가장 단순한 말도 할 수 없다.

When I chat with my close friends, I can forget all my worries.

절친한 친구들과 수다를 떨 때면 내 모든 걱정을 잊을 수 있다.

⋮ ⋮

Chatting with my close friends makes(helps) me forget all my worries.

절친한 친구들과 수다를 떨면 내 모든 걱정을 잊는다. (잊는 데 도움이 된다).

I had an honest conversation with myself, so I realized that I hadn't been independent enough.

나는 나 자신과 솔직한 대화를 가졌고 그래서 내가 충분히 독립적이지 못했음을 깨달았다.

⋮ ⋮

An honest conversation with myself made me realize that I hadn't been independent enough.

나 자신과 솔직한 대화를 통해 내가 충분히 독립적이지 못했음을 깨달았다.

압축 주어를 쓰세요 (2)

☹ The narrator's personality changes drastically, and this represents fearful duplicity in human nature.

화자의 인성이 극단적으로 변했고 이것은 인간 본성에 내재한 무서운 이중성을 대변한다.

복문의 부사절이나 중문의 한 문장을 주어로 변모시킨다는 점에서 바로 앞에서 설명한 압축 주어 1과 원칙이 같습니다. 다만 주어에 담아야 할 내용이 좀 더 복합적이면 'A of B' 형태의 명사구로 만들어 줍니다.

☺ The drastic change of the narrator's personality represents fearful duplicity in human nature.

화자의 인성에 일어난 극단적인 변화는 인간 본성에 내재한 무서운 이중성을 대변한다.

☹ I have wanted to be the perfect son, and it has tortured me.

나는 완벽한 아들이 되고 싶었고 그것이 날 괴롭혔다.

첫 번째 예문에서와 달리, 원래 문장에 명사로 전환될 만한 단어가 없으면 desire와 같이 의미에 맞는 새로운 어휘를 가미합니다. 이때 무조건 'A of B' 형태가 아니라 해당 명사에 어울리는 요소를 붙여줍니다. 만일 동사도 새로이 써줄 필요가 있으면 다른 적절한 동사를 찾아봅니다.

☺ My desire to be the perfect son has tortured me.

완벽한 아들이 되고픈 욕망이 날 괴롭혔다.

The toilsome journey lasted for seven years, and it nearly killed me.

그 힘겨운 여행은 7년이나 지속되었고 그로 인해 난 거의 죽을 지경이었다.

The seven years of toilsome journey nearly killed me.

그 7년 동안의 힘겨운 여행으로 난 거의 죽을 지경이었다.

If you observe us more closely, you will find more resemblances between us.

저희를 좀 더 자세히 살펴보시면 저희의 닮은 점을 더 많이 찾게 되실 겁니다.

A closer observation will reveal more resemblances between us.

좀 더 자세히 살펴보시면 저희의 닮은 점들이 더 많이 드러날 겁니다.

1. I saw the words in the notebook, and it determined the direction of my life.

⇨

2. Even if your teacher is the best teacher in the world, he or she can't make you the best student without your active engagement.

⇨

3. While we are watching movies, our imagination is put to sleep.

⇨

4. If you look at my background, you will understand why I'm interested in zoology.

⇨

5. I look at these coins, it is like reading a storybook.

⇨

6. The information on the website is misleading, so it causes much confusion for internet shoppers.

⇨

7. I've always dreamed of having my own digital camera, and finally the dream came true.

⇨

8. As we don't have such challenges any more, it is much easier for us to practice English.

⇨

9. Because I failed to make the deadline, I couldn't get a job.

⇨

10. He acted cruelly toward small animals, and his parents were worried about it.

⇨

11. I practiced for two hours and then I was able to ride a board.

⇨

답 | 1. The words in the notebook determined the direction of my life. 2. Even the best teacher in the world can't make you the best student without your active engagement. 3. Watching movies puts our imagination to sleep. 4. Looking at my background will help you understand why I'm interested in zoology. 5. Looking at these coins is like reading a storybook. 6. The misleading information on the website causes much confusion for internet shoppers. 7. My dream of having my own digital camera finally came true. 8. The absence of such challenges makes it much easier for us to practice English. 9. My failure to make the deadline deprived me of a chance to get a job./ My failure to make the deadline lost me a chance to get a job. 10. His cruel acts toward small animals worried his parents. 11. Two hours of practice enabled me to ride a board.

물주구문 단문을 쓰세요

☹ **Many of my friends had to quit dancing because of financial problems.**

내 친구 중 많은 수가 재정 문제로 인해서 춤을 그만두어야 했다.

사물이나 사실 등을 주어로 취하는 물주구문에는 여러 가지 형태가 있지만, 특히 어떤 원인이나 동인이 되는 요소는 주어로 오기에 적합합니다. 의미에 적합한 동사를 찾아 짝을 맞춰주면, 〔단문 → 단문〕으로 문장 범주는 바뀌지 않지만, 부사절이나 전치사구 등이 없는 깔끔한 단문이 됩니다.

☺ **Financial problems forced many of my friends to quit dancing.**

내 친구 중 많은 수가 재정 문제로 인해서 춤을 그만두어야 했다.

- -

☹ **I sometimes have a terrible headache.**

나는 종종 심한 두통에 시달린다.

감정이나 신체적, 정신적 증상을 표현할 때도 물주구문을 쓸 수 있는 절호의 기회입니다. 상황을 적절하게 전달해줄 수 있는 새롭고 흥미로운 동사를 찾아봅시다.

☺ **A terrible headache sometimes attacks me.**

나는 종종 심한 두통에 시달린다.

단순히 불필요한 주어와 동사를 빼면 되는 경우도 있습니다.

· When I saw him standing in the room, I felt my heart pounding. (△)
그 사람이 방에 있는 것을 보았을 때 나는 심장이 쿵쾅거리는 것을 느꼈다.

· When I saw him standing in the room, my heart pounded. (○)
그 사람이 방에 있는 것을 보았을 때 심장이 쿵쾅거렸다.

☹ I spend less than 20 percent of my income on clothes and accessories.

내 수입의 20퍼센트 미만을 옷과 장신구에 쓴다.

다채로운 단문 쓰기의 일환으로, 원래 문장의 목적어나 보어를 주어로 놓고 그와 어울릴 만한, 물주구문과 짝이 될 수 있는 동사를 찾아봅니다. go와 같이 우리가 흔히 알고 있는 많은 동사들이 사람 외의 것들도 주어로 취할 수 있음을 알아둡시다.

☺ Less than 20 percent of my income goes to clothes and accessories.

내 수입의 20퍼센트 미만이 옷과 장신구에 쓰인다.

Because of my aggressive driving habit, once I almost got into a serious car accident.

나의 거친 운전습관 때문에 한번은 심각한 고통사고를 낼 뻔했다.

Ⅼ Ⅼ

My aggressive driving habit once almost got me into a serious car accident.

나의 거친 운전습관 때문에 한번은 심각한 고통사고를 낼 뻔했다.

Watching the abused children, I felt intense anger.

학대당하는 아이들을 보면서 강렬한 분노를 느꼈다.

Ⅼ Ⅼ

As I watched the abused children, intense anger arose in me.

학대당하는 아이들을 보자 내 안에 강렬한 분노가 일었다.

Once you admit your problems, you will be able to stop the vicious circle.

일단 자신의 문제를 인정하면 그 악순환을 멈출 수 있다.

Ⅼ Ⅼ

Once you admit your problems, the vicious circle will stop.(come to an end.)

일단 자신의 문제를 인정하면 그 악순환이 멈출 것이다.

1. I didn't want to get close to her because of her repulsive personality.

   Her repulsive personality _____ me away from her.

2. Through these experiences, I became more open-minded to foreign cultures.

   These experiences _____ me more open-minded to foreign cultures.

3. Owing to her devotion, the children came to believe that they were special.

   Her devotion _____ the children to believe that they were special.

4. I screwed up everything I did because I was too shy.

   My extreme shyness _____ everything I did.

5. When I talk to a stranger, I feel that my heart beats fast and my lips are parched.

   When I talk to a stranger, _____

6. I felt completely refreshed after a 20-minute nap.

    A 20-minute nap completely _____ me.

7. I was very scared throughout the whole movie.

    Extreme fear _____ me throughout the whole movie.

8. Suddenly I felt strong jealousy.

    Strong jealousy suddenly _____ my mind.

9. We can apply the same rule to the economy.

    The same rule _____ the economy.

10. You may think that my dream is totally unrealistic.

    My dream may _____ totally unrealistic.

11. I received his email three days later.

    His email _____ three days later.

12. But I still couldn't solve my problem.

    My problem, however, still _____ .

13. Go outside if you want to enjoy the sunlight.

Go outside if the sunlight _____ you.

답 | 1. pushed 2. helped/made 3. led/helped 4. screwed up/ruined 5. my heart beats fast and my lips are parched. 6. refreshed 7. swept over/gripped 8. possessed/rushed to 9. applies to/holds for 10. sound 11. arrived 12. remained 13. attracts

다채로운 단문을 쓰자! 39

전치사구를 쓰세요 (1)

☹ When I was in the second grade of middle school, my family adopted a kitten from an animal shelter.

내가 중학교 2학년이었을 때, 우리 가족은 동물 보호소에서 새끼 고양이를 한 마리 입양했다.

☺ In my second grade of middle school, my family adopted a kitten from an animal shelter.

내가 중학교 2학년이었을 때, 우리 가족은 동물 보호소에서 새끼 고양이를 한 마리 입양했다.

☹ Selfishness and self-love are not similar at all. In fact, they are exactly opposite.

이기성과 자기애는 전혀 비슷하지 않다. 사실 그것들은 정확히 반대이다.

☺ Selfishness and self-love, far from being similar, are exactly opposite.

이기성과 자기애는 비슷하기는커녕, 정확히 반대이다.

복문이나 중문, 혹은 두 개의 독립절을 알맞은 전치사구를 이용하여 하나의 단문으로 바꿔 줍니다. 첫 문장에서처럼 꼭 필요하지 않은 'I was'와 같은 요소를 빼줄 수도 있고, 둘째 문장에서처럼 내용에 적합한 전치사구를 구사해야 할 때도 있습니다. 간결하고 깔끔한 문장이 되면서 동시에 다채로운 맛을 더해줍니다.

I was a freshman, so I was ready to try something new.

나는 신입생이었기 때문에 뭔가 새로운 것을 시도해볼 만반의 준비가 되어 있었다.

As a freshman, I was ready to try something new.

신입생으로서 나는 뭔가 새로운 것을 시도해볼 만반의 준비가 되어 있었다.

I was a little boy who had insatiable curiosity.

나는 만족할 줄 모르는 호기심을 가진 어린 소년이었다.

I was a little boy of insatiable curiosity.

나는 만족할 줄 모르는 호기심을 가진 어린 소년이었다.

I become less sensitive to my weight while I am wearing a thick overcoat.

두꺼운 외투를 입고 있을 동안에는 내 몸무게에 대해서 덜 민감해진다.

I become less sensitive to my weight under a thick overcoat.

두꺼운 외투를 입으면 내 몸무게에 대해서 덜 민감해진다.

1. I learned how to play the violin when I was six.

   I learned how to play the violin _____ six.

2. The best coffee is hot, sweet coffee from a vending machine when it is a cold day.

   The best coffee is hot, sweet coffee from a vending machine _____ a cold day.

3. When a romantic relationship begins, I tend to trust everything the man tells me.

   _____ the _____ stages of a romantic relationship, I tend to trust everything the man tells me.

4. If you use this product, you will stand out from the crowd.

   You will stand out from the crowd _____ using this product.

5. I was annoyed because she was late three hours.

   I was annoyed _____ her being late three hours.

6. As soon as she died, our family fell apart.

   _____ her death, our family fell apart.

7. Although he helped me, I couldn't complete my essay that night.

   Even _____ his help, I couldn't complete my essay that night.

8. I wanted to know the circumstances that led him to make that decision.

   I wanted to know the circumstances _____ his decision.

9. She didn't realize it while she was living a busy life as a school teacher.

   She didn't realized it _____ her busy life as a school teacher.

10. I have had many experiences that made me dislike my name, but I couldn't ever forget these two particular incidents.

    _____ all the experiences that made me dislike my name, I couldn't ever forget these two particular incidents.

답 | 1. at 2. on 3. In, early 4. by 5. at 6. Upon 7. with 8. behind 9. during 10. Of

전치사구를 쓰세요 (2)

☹ I decided to raise an herb, falsely believing that I knew everything about how to do it.

허브를 어떻게 키우는지 다 안다고 잘못 믿으며 하나 키워보기로 결심했다.

앞서 복문이나 중문을 분사구문으로 바꾸는 연습을 했습니다만, 때에 따라서 분사구문을 전치사구로 바꿔주면 같은 단문의 경우라도 한층 더 다채로운 문장 구성에 도움이 됩니다. 특히 어떤 감정이나 정신적 상태를 표현할 때 전치사구를 써주면 어울린답니다.

☺ I decided to raise an herb in the false belief that I knew everything about how to do it.

허브를 어떻게 키우는지 다 안다는 잘못된 믿음 속에 하나 키워보기로 결심했다.

☹ He is good at using a situation so that he can get advantage from it.

그는 어떤 상황을 자신이 그로부터 이득을 얻어낼 수 있도록 이용하는 데 능하다.

원래 문장이 복문이든, 분사구문의 단문이든 때에 따라서 알맞은 숙어적인 전치사구도 활용하시면 더욱 좋습니다.

☺ He is good at using a situation to his advantage.

그는 어떤 상황을 자신에게 이롭도록 이용하는 데 능하다.

I dropped my head, feeling disappointment.

나는 실망감을 느끼며 머리를 떨구었다.

I dropped my head in disappointment.

나는 실망감에 머리를 떨구었다.

I sent my application to the company because my mother persuaded me.

어머니께서 날 설득하셨기 때문에 나는 그 회사에 지원서를 냈다.

My mother talked me into sending my application to the company.

어머니의 설득으로 나는 그 회사에 지원서를 냈다

* 주의 | 지나치게 길어지거나 현학적으로 들리는 전치사구 사용은 자제합시다.

· I received a loan from a bank for the purpose of opening a small shop. (△)

· I received a loan from a bank to open a small shop. (○)

작은 가게를 열기 위해서 은행에서 대출을 받았다.

1. My friends and I went to the principal's office, hoping that she would understand our situation.

   My friends and I went to the principal's office _____ that she would understand our situation.

2. I felt total despair, believing that I was the only person suffering from an unhappy life.

   I felt total despair _____ that I was the only person suffering from an unhappy life.

3. When I said, "Sit!" the dog obeyed and sat his bottom down.

   When I said, "Sit!" the dog sat his bottom down in _____ .

4. We were sitting together saying nothing.

   We were sitting together in _____ .

5. She asked me to send her the document, so I did it.

   I sent her the document _____ her request.

6. The medicine was so expensive that common people couldn't afford it.

   The medicine was _____ the reach of common people.

7. The new kitchen is quite large, compared with the old one.

The new kitchen is quite large _____ comparison _____ the old one.

8. The interior has recently been remodelled to attract more customers.

The interior has recently been remodelled i_____ an effort to attract more customers.

9. Foreign workers came to Korea to get a job.

Foreign workers came to Korea in _____ of a job.

10. Southern regions are still suffering from a severe drought.

Southern regions are still in the _____ of a severe drought.

답 | 1. in the hope 2. in the belief/under the illusion 3. obedience 4. silence 5. at 6. beyond 7. in, with 8. in 9. pursuit 10. grip

동사의 재능을 살려 주세요

😞 My parents always taught me that I should do my best in everything.

우리 부모님께서는 내가 모든 일에서 최선을 다해야 한다고 항상 가르치셨다.

teach는 '사람 목적어 + that절'의 용법[복문]도 가능하지만, 사람 목적어와 that절의 주어가 일치할 경우 '사람 목적어 + to부정사' [단문]도 가능합니다. 동사에 이미 단문을 만들 수 있는 재능(용법)이 있을 때는 그것을 확실히 인지하고 충분히 활용해 줍니다.

😊 My parents always taught me to do my best in everything.

우리 부모님께서는 모든 일에서 최선을 다하라고 항상 가르치셨다.

- -

😞 My little sister tends to think she is the heroine in a romantic movie.

내 여동생은 자신이 로맨틱 영화의 여주인공이라고 생각하는 경향이 있다.

기왕에 쓴 동사에 재능이 없으면, 가능한 경우 문장 전체의 의미를 단문으로 담아낼 수 있는 숙어적인 동사구를 써줍니다.

😊 My little sister tends to identify herself with the heroine in a romantic movie.

내 여동생은 자신을 로맨틱 영화의 여주인공과 동일시하는 경향이 있다.

The doctor claimed that he was the victim of the accident.

의사는 자신이 그 사건의 피해자라고 주장했다.

The doctor claimed to be the victim of the accident.

의사는 자신이 그 사건의 피해자라고 주장했다.

It is believed that female students at our school are nerdy and boring.

우리 학교 여학생들이 공부밖에 모르고 재미없을 거라고 사람들은 믿는다.

Female students at our school are believed to be nerdy and boring.

우리 학교 여학생들이 공부밖에 모르고 재미없을 거라고 사람들은 믿는다.

Scientists thought that an unknown virus caused the outbreak of the deadly disease.

과학자들은 미지의 바이러스가 그 치명적인 질병의 발병을 초래한다고 생각했다.

Scientists attributed the outbreak of the deadly disease to an unknown virus.

과학자들은 미지의 바이러스가 그 치명적인 질병의 원인이라고 보았다.

❖ 실전문제 ㅣ 동사의 재능을 살린 단문으로 써보세요.

1. My boss saw that I was complaining about my salary with my co-worker.

   My boss saw _____ complaining about my salary with my co-worker.

2. I heard that my dog was sneezing under the sofa.

   I heard _____ sneezing under the sofa.

3. Don't expect that your children will mature on their own.

   Don't expect your children _____ on their own.

4. My uncle helped me when I learned how to ride a bike.

   My uncle helped me _____ how to ride a bike.

5. It is widely known that lavender tea effectively induces sleep.

   Lavender tea is widely _____ sleep effectively.

6. There is a strong possibility that obese children will be overweight throughout their life.

   Obese children are highly _____ overweight throughout their life.

7. It appears that the enemy inside me dominates my body and soul.

The enemy inside me appears _____ my body and soul.

8. We should know that self-esteem is different from arrogance.

We should _____ self-esteem from arrogance.

9. I think that a failure is another opportunity for understanding myself.

I _____ a failure as another opportunity for understanding myself.

10. Don't say that a college diploma is proof of high intelligence.

Don't _____ a college diploma with proof of high intelligence.

답 | 1. me 2. my dog 3. to mature 4. learn/to learn 5. known to induce 6. likely to be 7. to dominate 8. distinguish 9. see/view/perceive 10. equate

불필요한 반복을 빼주세요

😟 On the Chuseok holidays, we can meet many relatives. And we can also enjoy fresh, delicious foods.

추석에 우리는 많은 친척을 만날 수 있다. 우리는 또한 신선하고 맛있는 음식을 즐길 수 있다.

주어나 동사 등 불필요하게 반복되는 부분을 빼주되, 2권에서 소개한 '형식의 균형'을 잘 살립시다. 상관어구인 'not A but B', 'not only A but also B', 'neither A nor B', 'either A or B' 등도 경우에 따라 간결한 단문을 만들어주는 유용한 패턴입니다.

😊 On the Chuseok holidays, we can meet many relatives and enjoy fresh, delicious foods.

추석에 우리는 많은 친척들을 만날 수 있고 신선하고 맛있는 음식을 즐길 수 있다.

- -

😟 Spring weather is neither hot nor cold, so it is good for walking outside.

봄 날씨는 너무 뜨겁지도 너무 차갑지도 않고, 그렇기 때문에 그것은 야외에서 걷기에 좋다.

thus, except, especially와 같은 단어들을 의미에 맞게 적절하게 이용해도 좋습니다.

😊 Spring weather is neither hot nor cold, thus good for walking outside.

봄 날씨는 너무 뜨겁지도 너무 차갑지도 않기 때문에 야외에서 걷기에 좋다.

The driver told us that the blizzard was too severe for cars. We were also told that we had to take a train.

운전기사는 차가 다니기에는 폭풍이 너무 세다고 우리에게 말했다. 우리는 또한 기차를 타야 한다는 말을 들었다.

⋮ ⋮

The driver told us that the blizzard was too severe for cars and that we had to take a train.

운전기사는 우리에게 차가 다니기에는 폭풍이 너무 세서 기차를 타야한다고 했다.

Sex crimes are not just triggered by sexual desire. It is also caused by the will to dominate.

성범죄는 단지 성욕에 의해서만 촉발되지 않는다. 그것은 또한 지배욕에 의해서도 야기된다.

⋮ ⋮

Sex crimes are triggered not just by sexual desire but also by the will to dominate.

성범죄는 성욕뿐 아니라 지배욕에 의해서도 촉발된다.

The chief didn't allow them to make a fire. He allowed it only when they succeeded in hunting.

추장은 그들에게 불을 피우는 것을 허락하지 않았다. 오로지 그들이 사냥에 성공했을 때만 허락했다.

⋮ ⋮

The chief didn't allow them to make a fire except when they succeeded in hunting.

추장은 그들이 사냥에 성공했을 때는 제외하고는 그들에게 불을 피우는 것을 허락하지 않았다.

1. At first I try to find good points in my boyfriend. But I end up focusing on his shortcomings.
   ⇨

2. Club activities give me a lot of fun experiences, and I can make many good friends.
   ⇨

3. Hundreds of local people lost their homes and they are still suffering from various health problems.
   ⇨

4. I love snow because it makes my mind clean and it also makes the world bright.
   ⇨

5. This marketing strategy is not aimed at companies. It is made to attract individuals.
   ⇨

6. A cloned child won't be recognized as an independent being. He or she will be just a substitute for the dead child.
   ⇨

7. I hate to go outside in winter, but when snow falls, I go out.
   ⇨

8. I didn't go outside for a month except when I went out to buy food.

⇨

9. In autumn, I play outdoor sports a lot. I especially like to play basketball.

⇨

10. Before the Industrial Revolution, people didn't use fossil fuels, so they rarely emitted CO_2 to the environment.

⇨

답 | 1. At first I try to find good points in my boyfriend but end up focusing on his shortcomings. 2. Club activities give me a lot of fun experiences and many good friends. 3. Hundreds of local people lost their homes and are still suffering from various health problems. 4. I love snow because it makes my mind clean and the world bright. 5. This marketing strategy is aimed not at companies but at individuals. 6. A cloned child won't be recognized as an independent being, but as a substitute for the dead child. 7. I hate to go outside in winter except when snow falls. 8. I didn't go outside for a month except to buy food. 9. In autumn, I play outdoor sports a lot, especially basketball. 10. Before the Industrial Revolution, people didn't use fossil fuels, thus rarely emitted CO_2 to the environment.

기타 단문을 만드는 to부정사들

> 😤 By reading my diaries, I gain new energy with which I keep moving forward.
>
> 내 일기장을 읽음으로써 나는 내가 계속 앞을 향해 나아가는 새로운 에너지를 얻는다.

'with which' 처럼 전치사와 관계사절이 연결되어 있을 때, 주절의 주어와 관계사절의 주어가 같으면 주어를 생략하고 to부정사만 써주면 됩니다.

> 😊 By reading my diaries, I gain new energy with which to keep moving forward.
>
> 내 일기장을 읽음으로써 나는 계속 앞을 향해 나아가는 새로운 에너지를 얻는다.

- -

> 😤 I have been wearing this mask for a long time, so it almost feels like my true face.
>
> 나는 이 가면을 오랫동안 써왔기 때문에 그것은 거의 내 진짜 얼굴처럼 느껴진다.

'형용사/부사 + enough + to부정사' 용법입니다. 단문으로 바꿨을 때 주어와 to부정사가 의미상 호응하면 됩니다.

> 😊 I have been wearing this mask long enough to almost feel it were my true face.
>
> 나는 이 가면을 오랫동안 써왔기 때문에 그것은 거의 내 진짜 얼굴처럼 느껴진다.

☹ I always set up plans because I want to achieve all of my goals.

나는 나의 모든 목표를 성취하고 싶기 때문에 항상 계획을 세운다.

목적을 나타내는 to부정사를 쓰세요.

☺ I always set up plans to achieve all of my goals.

나는 나의 모든 목표를 성취하기 위해 항상 계획을 세운다.

☹ I was surprised because I saw her wearing a miniskirt and high heels.

그녀가 짧은 치마와 뾰족 구두를 신고 있는 것을 보았기 때문에 나는 깜짝 놀랐다.

이유를 나타내는 to부정사를 쓰세요.

☺ I was surprised to see her wearing a miniskirt and high heels.

그녀가 짧은 치마와 뾰족 구두를 신고 있을 것을 보았기 때문에 나는 깜짝 놀랐다.

☹ Upon hearing the explosion, we rushed outside and saw black smoke surrounding a car.

우리는 폭발음을 듣자마자 뛰어나갔고, 어떤 차가 검은 연기에 휩싸여 있는 것을 보았다.

결과를 나타내는 to부정사를 쓰세요.

😊 Upon hearing the explosion, we rushed outside to see black smoke surrounding a car.

우리는 폭발음을 듣자마자 뛰어나갔고, 어떤 차가 검은 연기에 휩싸여 있는 것을 보았다.

- -

☹ I have a strong desire that I want to help underprivileged children.

불우한 환경에 있는 아이들을 돕고 싶은 강한 욕구가 내게 있다.

desire와 같은 추상명사를 설명하는 that절을 쓸 때, that절의 주어가 전체 주어와 일치하면 주어와 동사를 빼고 추상명사를 설명 해주는 to부정사만 씁니다. 이때 명사의 성격에 따라 'of ~ing' 와 같은 요소가 올 수도 있습니다.

😊 I have a strong desire to help underprivileged children.

불우한 환경에 있는 아이들을 돕고 싶은 강한 욕구가 내게 있다.

☹ You might think that it is inappropriate for a teenage girl to be so interested in cosmetic reviews.

십대 소녀가 화장품 사용 후기에 그토록 관심을 갖는 것이 부적절하다고 생각할 수도 있다.

'누가 무엇하는 것을 주어가 어떻게 생각한다'는 표현은 〔주어 + find + 가목적어(it) + 형용사 보어 + 의미상의 주어(for 목적격) + 진목적어(to부정사)〕로 구성되는 단문에 담을 수 있습니다. 만일 주절의 주어와 that절의 주어가 일치하면 진주어를 생략하면 됩니다.

☺ You might find it inappropriate for a teenage girl to be so interested in cosmetic reviews.

십대 소녀가 화장품 사용 후기에 그토록 관심을 갖는 것이 부적절하다고 생각할 수도 있다.

* 비슷한 예 | make, feel, think, believe등도 같은 용법으로 쓸 수 있습니다.

· Because of his help, it beame much easier for me to collect recycles.

⋯⋯ His help made it much easier for me to collect recycles.

그의 도움으로 내가 재활용품 수집하는 일이 한결 수월해졌다.

다채로운 복문을 쓰자!

다채로운 복문을 쓰자!

'I graduated from high school, and he enrolled in the army.' 와 같은 중문은 두 개의 완전히 독립된 문장을 and, but 등으로 가볍게 연결만 하면 됩니다. 1장에서 언급한 영어문장과 집의 관계에서 보듯, 세대주도 다르고 구성원도 다른 두 가정은 함부로 합치거나 섞어 놓을 수 없는 것과 같습니다. 중문은 구사하기에 가장 쉬운 문장 형태로 내용이 별로 없습니다.

그에 비해 복문은 주어가 다르긴 해도 주절에 비해 비중이 떨어지는, 즉 완전히 독립할 능력은 없는 종속절을 품고 있기 때문에 문장 안에서 재배열하는 것이 가능합니다. 우리가 가장 흔히 쓰는 (너무 자주 쓰는) 복문의 형태는 다음과 같습니다.

Although the summer heat is sometimes frustrating, it is nothing compared with the unbearable coldness in winter. (복문)

부사절과 주절이 평면적으로 나열된 위와 같은 복문은 적절하고 올바른 문장이지만, 내용상 주어가 일치하므로 아예 단문으로 고치든지, 그렇지 않으면 양쪽의 내용이 더욱 밀착되는 형태의 복문으로 바꿔줌으로써 다양함을 가미할 수 있습니다.

The frustrating summer heat is nothing compared with the unbearable coldness in winter. (단문)

The summer heat, although it is sometimes frustrating, is nothing compared with the unbearable coldness in winter. (복문)

새로 쓴 복문의 경우에는, although가 이끄는 부사절에 대명사 주어를 넣고 주절에 품음으로써, 종속절의 종속성을 더욱 강조함과 동시에 두 문장의 긴밀한 관계를 좀 더 분명하게 보여주는 효과가 있습니다.

이 밖에도 복문에는 명사를 꾸미는 관계사절(형용사절), 명사를 설명하는 동격절, 선행사를 품고 있는 명사절 등이 있는데, 이들 복문이 창출해 내는 공통의 효과는 중문이나 나열식의 단순 복문에 비해 한층 짜임새 있고 입체적인 문장 구성을 가능하게 한다는 것입니다. 아무래도 둘 이상의 주어, 동사가 포함되어 있다 보니 각 문장이 다소 복잡하게 느껴지실 수도 있지만, 단문에 비해 그 종류가 훨씬 적으니 학습에 용이합니다.

관계사절을 써주세요

☹ In March, I received the President Scholarship of KOSEF. It is rarely given to a college student.

> 3월에 나는 KOSEF에서 주는 총장 장학금을 받았다. 그것은 대학생에게는 거의 주어지지 않는 것이다.

☺ In March, I received the President Scholarship of KOSEF, which is rarely given to a college student.

> 3월에 나는 KOSEF에서 주는 총장 장학금을 받았는데 그것은 대학생에게는 거의 주어지지 않는 것이다.

☹ I began to learn card magic. But after three days, I gave up learning card magic.

> 나는 카드 마술을 배우기 시작했다. 그러나 3일 후에 카드 마술 배우는 것을 포기했다.

☺ I began to learn card magic, which I gave up three days later.

> 나는 카드 마술을 배우기 시작했으나 3일 후에 포기했다.

　　독립된 두 문장이나 중문에서 의미가 겹치는 부분을 주격, 목적격, 소유격 등의 관계사를 이용하여 하나의 복문으로 연결해 줍니다. 관계사를 쓸 때는 2권(148~149P)에서 설명한 쉼표의 용법에 주의하세요.

☹ If children read a variety of books, they are likely to excel in logical thinking later.

아이들이 다양한 책을 읽으면 나중에 논리적인 사고에서 두각을 나타내기 쉽다.

〔부사절＋주절〕 형태로 부사절과 주절을 평면적으로 나열하는 복문은 너무 자주 쓰이는 경향이 있습니다. 의미에 무리가 없다면, 부사절의 동사 부분을 주격 관계사절로 바꿔서, 품에 안기는 듯한 좀 더 입체적인 문장으로 만들어 주세요.

☺ Children who read a variety of books are likely to excel in logical thinking later.

다양한 책을 읽는 아이들은 나중에 논리적인 사고에서 두각을 나타내기 쉽다.

주어, 동사, 목적어, 보어가 아닌 수식어구들도 최대한 구는 구끼리, 절은 절끼리, 같은 유니폼으로 맞춰 주세요.

* 비교 ┃ 관계사절의 선행사가 특정한 사람일 때는 쉼표를 씁니다.
. My eldest son, who read a variety of book, now excels in logical thinking.

다양한 책을 읽었던 우리 큰 아들은 지금 논리적 사고에 뛰어나다.

I faced a serious problem, and it was something that I had never experienced.

나는 심각한 문제에 직면했는데, 그것은 그전에는 겪어 보지 못한 것이었다.

⋮ ⋮

I faced a serious problem that I had never experienced.

나는 그전에는 겪어 보지 못한 심각한 문제에 직면했다.

Raising a companion animal is a huge responsibility, so you should be prepared for it.

반려동물을 키우는 것은 큰 책임을 맡는 것이므로 당신은 그것에 대한 준비가 되어야 한다.

⋮ ⋮

Raising a companion animal is a huge responsibility for which you should be prepared.

반려동물을 키우는 것은 준비가 되어야 하는 큰 책임이다.

I have come across several questions about the purpose of my life, and I haven't yet answered some of them.

나는 지금까지 내 인생의 목적에 대한 예닐곱 개의 의문에 맞닥뜨렸고, 그 중 몇 가지는 아직 답을 찾지 못했다.

⋮ ⋮

I have come across several questions about the purpose of my life, some of which I haven't yet answered.

나는 지금까지 내 인생의 목적에 대한 예닐곱 개의 의문에 맞닥뜨렸는데, 그 중 몇 가지는 아직 답을 찾지 못했다.

When a person first meets me, he or she tends to see me as naive and gullible.

어떤 이가 날 처음으로 만나면, 그는 내가 순진하고 잘 속는다고 보는 경향이 있다.

⋮ ⋮

A person who first meets me tends to see me as naive and gullible.

날 처음으로 만나는 이는 내가 순진하고 잘 속는다고 보는 경향이 있다.

❖ 실전문제 | 관계사절이 있는 복문으로 써보세요.

1. One of my favorite belongings is my daily planner, and it is always filled with my plans.

   ⇨

2. When I'm exposed to the sun for more than one hour, I have a serious headache, and it continues till the next day.

   ⇨

3. He served as a policeman for 20 years, and after that he became a teacher.

   ⇨

4. All knowledge learned from English writing class is useful in the TOFEL test, because it evaluates academic writing skills.

   ⇨

5. The biggest blockbuster movies are released in summer. So I always look forward to watching them.

   ⇨

6. My close friends describe me as a stress-free person, and they say it is shown through my every act.

   ⇨

7. I sometimes make a funny face and this surprises or amuses others.

   ⇨

8. Lime blossom tea has an especially refreshing scent, so it helps relieve your stress.

⇨

9. The indirect cost already exceeds three times the direct cost, and is still increasing.

⇨

10. Marriage is likely to impose endless housework on me, and it will make me feel stuck.

⇨

답 | 1. One of my favorite belongings is my daily planner, which is always filled with my plans. 2. When I'm exposed to the sun for more than one hour, I have a serious headache that continues till the next day. 3. He served as a policeman for 20 years, after which he became a teacher. 4. All knowledge learned from English writing class is useful in the TOFEL test, which evaluates academic writing skills. 5. I always look forward to watching the biggest blockbuster movies (that are) released in summer. 6. My close friends describe me as a stress-free person, which they say is shown through my every act. 7. A funny face that I sometimes make surprises or amuses others. 8. Lime blossom tea, which has an especially refreshing scent, helps relieve your stress. 9. The indirect cost, which already exceeds three times the direct cost, is still increasing. 10. A marriage that imposes endless housework on me will make me feel stuck.

부사절을 삽입해 주세요

> 😫 Though soju and beer are both common people's drinks, they are quite different in three aspects.
>
> 소주와 맥주는 둘 다 서민의 술이지만 그들은 세 가지 면에서 상당히 다르다.

주로 (al)though, whether가 있는 양보절에 적용되는 패턴입니다. 부사절과 주절이 평면적으로 나열되어 있을 때, 부사절의 주어가 구체적인 명사이고 주절이 그것을 가리키는 대명사로 시작하면, 부사절의 주어와 전체의 주어를 바꿔 다음과 같이 전체 문장구조를 좀 더 입체적으로 만듭니다.

> 😊 Soju and beer, though they are both common people's drinks, are quite different in three aspects.
>
> 소주와 맥주는 둘 다 서민의 술이지만 세 가지 면에서 상당히 다르다.

- -

> 😫 English and Spanish are quite similar in vocabulary, but there are more dissimilarities between them.
>
> 영어와 스페인어는 어휘 면에서 매우 비슷하지만 둘 사이에는 차이점이 더 많다.

이 문장은 복문이 아니지만, 의미상 'Although English and Spanish are quite similar in vocabulary, they have more dissimilarities.' 하는 식으로 변화가 가능합니다. 이러한 중간 단계를 거치면 다음과 같은 삽입 부사절이 생성됩니다.

> English and Spanish, although (they are) quite similar in vocabulary, have more dissimilarities.
>
> 영어와 스페인어는 어휘 면에서 매우 비슷하지만 차이점이 더 많다.

Whether your effort is big or small, it will certainly contribute to preserving nature.

당신의 노력이 크건 작건, 그것은 분명 자연을 보호하는 데 기여할 것이다.

Your effort, whether (it is) big or small, will certainly contribute to preserving nature.

당신의 노력이 크건 작건 분명 자연을 보호하는 데 기여할 것이다.

Eating less food may help you lose your weight, but it will cause you enormous stress.

음식을 적게 먹는 것은 당신의 체중 감량에 도움이 될지 모르지만, 그것은 당신에게 엄청난 스트레스를 줄 것이다

Although eating less food may help you lose your weight, it will cause you enormous stress.

Eating less food, although it may help you lose your weight, will cause you enormous stress.

음식을 적게 먹는 것은 당신의 체중 감량에 도움이 될지 모르나 당신에게 엄청난 스트레스를 줄 것이다.

명사절로 바꿔 주세요

☹ **No matter who visits our house, he or she will be welcomed by our dog.**

누가 우리 집을 방문하더라도 그 사람은 우리 개에게 환영받을 것이다.

주로 'no matter + wh의문사'에 적용되는 패턴입니다. wh의문사가 주절의 주어와 목적어 등과 일치하면, whoever, whomever, whatever, whichever 등을 사용하여 부사절을 명사절[복문 → 복문]로 바꿀 수 있습니다. 위의 문장은 'Anyone who visits our house will be welcomed by our dog.'으로 다시 쓸 수 있고, 나아가서 다음과 같이 더 축약해서 쓸 수도 있습니다.

☺ **Whoever visits our house will be welcomed by our dog.**

누가 우리 집을 방문하든 우리 개에게 환영받을 것이다.

* 비교 | '~ever'가 들어가지 않는 다음과 같은 경우도 있습니다.

· When you talk to a child, you should speak differently from when you talk to an adult.

어린아이에게 이야기할 때는 어른에게 이야기할 때와는 다르게 말해야 한다.

···▸How you talk to a child should be different to how you talk to an adult.

어린아이에게 이야기하는 방식은 어른에게 이야기하는 방식과 달라야 한다.

- -

☹ **I concluded that our kitchen should be remodelled, and my husband approved of it.**

나는 우리 집 부엌을 개조하기로 최종 결정했고, 남편은 그에 동의했다.

물론 올바른 문장이지만 너무 자주 쓰이는 경향이 있습니다. 보통 중문에서 한 문장의 동사를 추상명사로 만들고 그것의 목적어 that절을 명사의 동격절(명사절)로 붙여 주면 명사절이 있는 복문〔중문 → 복문〕이 됩니다. 그 밖에도 이미 있는 추상명사에 그것의 내용이 되는 부분을 that절로 붙여 주기도 합니다.

 My husband approved of my conclusion that our kitchen should be remodelled.

남편은 우리 집 부엌을 개조하기로 한 나의 최종 결정에 동의했다.

No matter what I wanted, my grandfather bought it for me.

내가 무엇을 원하든지 할아버지께서는 그것을 사주셨다.

⋮ ⋮

My grandfather bought me whatever I wanted.

할아버지께서는 내가 원하는 것은 무엇이든 다 사주셨다.

- -

Government should learn the lesson and be respectful of public opinion.

정부는 그 교훈을 배워서 여론을 존중해야 한다.

⋮ ⋮

Government should learn the lesson that it should be respectful of public opinion.

정부는 여론을 존중해야 한다는 교훈을 배워야 한다.

1. No matter how small a present is, it makes me feel that I am precious.

   ⇨

2. However great his social success is, it can't make me respect him.

   ⇨

3. Although internet shopping is very alluring, it is riskier than traditional shopping.

   ⇨

4. Yoga and chocolates help relieve my stress, but they don't provide me with lasting peace.

   ⇨

5. No matter who did this, the person will be punished.

   ⇨

6. No matter whom he meets, he treats the person the same way.

   ⇨

7. As long as a person loves animals, I can make friends with him or her.

   ⇨

8. If someone tells me that he or she likes me very much, I tend to dislike him or her.

⇨

9. He predicted that housing prices would halve in two years, but it proved wrong.

⇨

10. The teacher commented that I had great potential for writing, and it was enough for me to register for another writing class.

⇨

답 │ 1. A present, no matter how small it is, makes me feel that I am precious. 2. His social success, however great it is, can't make me respect him. 3. Internet shopping, although very alluring, is riskier than traditional shopping. 4. Yoga and chocolates, although they help relieve my stress, don't provide me with lasting peace. 5. Whoever did this will be punished. 6. He treats whomever he meets the same way. 7. I can make friends with whoever loves animals. 8. I tend to dislike whoever tells me that he or she likes me very much. 9. His prediction that housing prices would halve in two years proved wrong. 10. The teacher's comment that I had great potential for writing was enough for me to register for another writing class.

논리를 명확하게 해주세요

> 😞 I stayed up all night with my friends, and I was tired during the exam the next day.
>
> 나는 친구들과 밤을 새웠고, 다음 날 시험 시간 동안 피곤했다.

and로 연결된 중문은 가장 흔하고 유용한 문장 패턴 중 하나지만, 과용되는 경향이 있고 특히 두 문장 사이의 논리를 흐릴 위험이 있습니다. 위의 문장에서는 and 대신 so를 쓸 수도 있고〔중문 → 중문〕, 압축 주어를 만들어 'Staying up all night with my friends made me tired during the exam the next day.'〔중문 → 단문〕라는 식의 변화를 줄 수도 있지만, 일차적으로 다음과 같이 간단하게 복문으로 고치는 방법이 있습니다. 특히 분사구문으로의 전환이 어색한 as, because, when (+ 사람주어) 등이 이끄는 부사절이나, 주절과 다른 주어를 가진 부사절로 전환됩니다.

> 😊 As I stayed up all night with my friends, I was tired during the exam the next day.
>
> 그 친구들과 밤을 새웠기 때문에 그 다음 날 시험 시간 동안 피곤했다.

* 비교 ┃ 중문이 아니라 여러 개의 동사가 있는 단문이라도 원칙은 같습니다.

· I stayed up all night with my friends and was tired during the exam the next day. (△)

* 비교 ┃ 논리적으로 중요한 지점에서는 세미콜론을 쓸 수도 있습니다.

· That I knew nothing about the subject stimulated my challenging spirit, and I began to study from the basics. (△)

내가 그 주제에 대해서 아는 것이 없다는 것이 나의 도전정신을 자극 했고, 나는 기본부터 공부하기 시작했다.

· That I knew nothing about the subject stimulated my challenging spirit; I began to study from the basics. (○)

내가 그 주제에 대해서 아는 것이 없다는 것이 나의 도전정신을 자극했기에 나는 기본부터 공부하기 시작했다.

Cloning technology will mostly be used for the rich, and poor women in desperate need of money will sell their eggs.

복제기술은 주로 부유한 이들을 위해 사용될 것이고, 돈이 절실하게 궁한 가난한 여성들이 난자를 팔게 될 것이다.

⋮ ⋮

Cloning technology will mostly be used for the rich, while poor women in desperate need of money will sell their eggs.

복제기술은 주로 부유한 이들을 위해 사용될 것인 반면, 돈이 절실하게 궁한 가난한 여성들이 난자를 팔게 될 것이다.

- -

The evil in the human heart cannot be completely controlled and suddenly instigates wicked acts.

인간의 마음속에 있는 악은 완전히 통제될 수 없으며 갑자기 사악한 행동을 부추긴다.

⋮ ⋮

Because the evil in the human heart cannot be completely controlled, it suddenly instigates wicked acts.

The evil in the human heart, which cannot be completely controlled, suddenly instigates wicked acts.

인간의 마음속에 있는 악은 완전히 통제될 수 없기 때문에 갑자기 사악한 행동을 부추긴다.

1. I read his novel a year ago and was instantly intrigued by its originality.

⇨

2. His theory is more convincing and it is supported by scientific data.

⇨

3. I don't like to wear sleeveless shirts and expose my plump upper arms.

⇨

4. My grandmother passed away, and the present she had given me became even more precious to me.

⇨

5. My little nephews acted out a fight scene from a movie, and I was shocked to see how violent their acts and words were.

⇨

6. Excercise caused us to have a bigger appetite and our unbalanced diet wasn't improved.

⇨

7. People get used to the same intensity of stimulus, and it requires a stronger one to give them the same amount of satisfaction.

⇨

8. Some similar-looking words have entirely different meanings, and they cause serious miscommunications.

⇨

답 | 1. When I read his novel a year ago, I was instantly intrigued by its originality. 2. His theory is more convincing because it is supported by scientific data./His theory, which is supported by scientific data, is more convincing. 3. I don't like to wear sleeveless shirts because they expose my plump upper arms. 4. After my grandmother passed away, the present she had given me became even more precious to me. 5. When my little nephews acted out a fight scene from a movie, I was shocked to see how violent their acts and words were./I was shocked to see my little nephews acting out a fight scene from a movie because their acts and words were quite violent. 6. Excercise caused us to have a bigger appetite when our unbalanced diet wasn't improved. 7. Since people get used to the same intensity of stimulus, it requires a stronger one to give them the same amount of satisfaction. 8. Because some similar-looking words have entirely different meanings, they cause serious miscommunications./Some similar-looking words that have entirely different meanings cause serious miscommunications.

기타 유용한 복문들

☹ In your home country, there is no language barrier
or cultural differences. So you will have more
chances to get a job.

모국에서는 언어장벽이나 문화차이가 없다. 그러므로 일자리를 구할 가능성이 더 크다.

우리가 흔히 '관계부사절'이라고 알고 있는 문장형태를 이용하
면 불필요하게 독립된 두 문장을 하나의 복문으로 연결할 수 있습
니다. 의미가 적당한 경우, 첫 문장의 주절을 관계부사절로 만들고
두 번째 문장을 주절로 삼습니다.

☺ In your home country, where there is no language
barrier or cultural differences, you will have more
chances to get a job.

모국에서는 언어장벽이나 문화차이가 없으므로 일자리를 구할 가능성이 더 크다.

* 비슷한 예 ┃ 중문이 아니라 여러 개의 동사가 있는 단문이라도 원칙은 같습니다.

· In the sixth grade, she was my homeroom teacher, so our classroom
was always clean and cozy. (△)

6학년 때 그 분이 담임 선생님이셨고 그래서 우리 교실은 늘 깨끗하고 아늑했다.

· In the sixth grade, when she was my homeroom teacher, our classroom
was always clean and cozy. (○)

그 분이 담임 선생님이셨던 6학년 때는 교실이 늘 깨끗하고 아늑했다.

☹ The blue sky was very refreshing and clear, and it looked like a mint chocolate ice cream.

파란 하늘이 매우 상쾌하고 깨끗하였고 민트 초콜릿 아이스크림처럼 보였다.

'매우~해서~하다'는 의미일 때는 'so ~ that' 구문을 쓸 수 있습니다.

☺ The blue sky was so refreshing and clear that it looked like a mint chocolate ice cream.

파란 하늘이 상쾌하고 깨끗하여 민트 초콜릿 아이스크림처럼 보였다.

* 비교 | '매우 ~하다'는 부분에 명사가 있으면 such를 씁니다.

· His speech was such a great inspiration that I still remember every word of it.

그의 연설이 너무나도 감동적이어서 나는 아직도 단어 하나하나를 모두 기억하고 있다.

☹ We weren't going to live on the island forever. In the respect, his idea sounded more reasonable than mine.

우리는 그 섬에서 영원히 살 생각은 아니었다. 그런 점에서 그의 생각이 내 생각보다 더 합리적이었다.

'~ 한다는 점에서'라는 의미일 때는 'in that' 절을 쓸 수 있습니다.

☺ His idea sounded more reasonable than mine in that we weren't going to live on the island forever.

그 섬에서 우리가 영원히 살 생각은 아니었다는 점에서 그의 생각이 내 생각보다 더 합리적이었다.

😫 He became extremely selfish and greedy. So no one wanted to work with him.

그 사람은 대단히 이기적이고 탐욕스러워졌다. 그리하여 아무도 그와 함께 일하려 하지 않았다.

어떤 상황이 어렵거나 위험하거나 놀라운 지경에 이르렀음을 표현할 때 'to the extent' 절을 쓸 수 있습니다.

😊 He became extremely selfish and greedy to the extent that no one wanted to work with him.

그 사람은 대단히 이기적이고 탐욕스러워져 아무도 그와 함께 일하려 하지 않을 지경에 이르렀다.

* 비교 | 두 문장의 주어가 같을 때는 'to the extent of ~ing'를 사용해 단문으로 씁니다.

· I came to avoid people. I even shunned my family.

···→ I came to avoid people to the extent of shunning my family.

나는 사람을 피하기 시작하여 내 가족을 피하는 지경에 이르렀다.

☹ My parents and teachers have greatly influenced my life. Likewise, I am now influencing my students' lives.

우리 부모님과 선생님들이 내 인생에 큰 영향을 미쳐 왔다. 마찬가지로 내가 이제 내 학생들의 인생에 영향을 미치고 있다.

'A가 ~ 하듯이 B도 ~ 한다' 는 의미일 때는 'Just as, so' 구문으로 쓸 수 있습니다. 이때 so로 시작하는 구문은 주어와 동사가 도치되어야 함에 주의합시다.

☺ Just as my parents and teachers have greatly influenced my life, so am I now influencing my students' lives.

우리 부모님과 선생님들이 내 인생에 큰 영향을 미쳐 왔듯이 내가 이제 내 학생들의 인생에 영향을 미치고 있다.

문장의 시작을 다채롭게 하자!

문장의 시작을 다채롭게 하자!

영어문장을 시작하는 가장 전형적인 요소는 주어입니다. 그러므로 주어로 시작하지 않는 모든 문장은 일종의 도치문입니다. 이러한 도치에는 단순도치와 이중도치가 있는데, 사실 단순도치는 2권에서 은연 중 다룬 셈입니다. 탄탄한 문장쓰기의 원칙과 예들을 다채로운 문장머리라는 관점에서 다시 정리하면 다음과 같습니다.

Compared with traditional shopping, on-line shopping is far riskier.

To reach an agreement, we need mutual understanding.

Despite breaking into my house, she wasn't arrested by the police.

분사구문, 목적을 나타내는 to부정사, 동사를 품은 전치사구는 문장머리에 놓을 수 있습니다. 이때 주절의 주어와 의미 호응에 주의합니다.

Although she broke into my house, the police didn't arrest her.

부사절도 흔히 도치되는 요소입니다. 단, 분사구문이 될 수 있는 상황에서 복문을 고집하지 않도록 주의합니다.

Secretly and swiftly, I threw it over the fence.

부사로도 문장을 시작할 수 있습니다. 단, especially, however, 접속부사, 빈도부사는 되도록 문장머리에 두지 않습니다.

In 2008, I published my first book.

전치사구도 도치 가능합니다. 그러나 불특정한 의미의 전치사구는 되도록 문장머리에 두지 않습니다.

단순도치와 달리 이중도치를 이 책에서 자세히 다루는 이유는, 첫째 이중도치는 좀 더 특수한 경우들에 국한되기 때문이고, 둘째는 문장의 주어와 동사까지 도치시키는 까닭에 정확한 문장 구사를 위한 의식적인 연습이 필요하기 때문입니다. 더불어 단순도치는 우리말에도 있는 요소이나, 주어 · 동사까지 도치시키는 이중 도치는 우리말에 없기에 우리가 인식하기 매우 어렵습니다. 영어다운 문장 구성의 일례로서 그 존재를 명확히 인식하고, 용법을 확실히 익혀두지 않으면 구사하기 힘들 수밖에 없답니다. 다채로운 문장을 구성하는 필수요소 중 하나이니, 과용하지 않되 가끔씩 적절한 순간에 구사할 수 있도록 눈여겨 보세요.

부정어로 시작하세요

> 😩 **I could hardly see any hope.**
>
> 어떤 희망도 볼 수 없었다.

hardly, never, little, not until, rarely, seldom, nowhere 등과 같이 부정을 나타내는 부사가 있을 때 문장머리로 가져오면, 부정의 의미도 강조되면서 색다르게 문장을 열 수 있습니다.

> 😊 **Hardly could I see any hope.**
>
> 어떤 희망도 볼 수 없었다.

- -

> 😩 **I don't want to spend my life serving at a restaurant. I don't want to be fettered by house chores, either.**
>
> 식당에서 서빙이나 하면서 인생을 보내고 싶진 않다. 또한 집안일에 얽매이기도 싫다.

앞 문장에 이어 '또한 ~도 아니다' 는 의미의 겹 부정문을 쓸 때 유용한 단어가 nor입니다. 다음과 같이 도치 형식으로 써주세요.

> 😊 **I don't want to spend my life serving at a restaurant. Nor do I want to be fettered by house chores.**
>
> 식당에서 서빙이나 하면서 인생을 보내고 싶진 않다. 또한 집안일에 얽매이기도 싫다.

＊비교 | nor는 문장머리가 아니더라도 도치할 수 있습니다.

　I don't want to spend my life serving at a restaurant, nor do I want to be fettered by house chores.

☹ That was the only human relationship where I felt comfortable and protected.

> 그것이 내가 편안하며 보호받는 느낌을 받은 유일한 인간관계였다.

'~이 유일하게 ~하다'는 표현을 할 때는 위와 같이 써도 좋지만, 좀 더 다양한 문장을 위해 부정문으로 바꿔 부정어를 문장머리로 도치시킬 수도 있습니다. 그렇게 바꾸는 과정은 다음과 같습니다. 'than that'하는 식의 비교표현은 문맥에 따라 넣을 수도, 뺄 수도 있습니다.

- I couldn't feel comfortable and protected in any human relationship other than that.

- I could feel comfortable and protected in no human relationships other than that.

☺ In no human relationships other than that could I feel comfortable and protected.

☺ In no other human relationships could I feel comfortable and protected.

> (그 외의) 다른 인간관계에서는 편안하며 보호받는 느낌을 받을 수 없었다.

I had never imagined that he could become a movie star.

그 아이가 영화배우가 될 수 있으리라고는 상상도 못했다.

Never had I imagined that he could become a movie star.

그 아이가 영화배우가 될 수 있으리라고는 상상도 못했다.

I have skin problems only in winter.

나는 겨울에만 피부에 문제가 생긴다.

In no season other than in winter do I have skin problems.

In no other seasons do I have skin problems.

(겨울이 아닌) 다른 계절에는 내 피부에 문제가 생기지 않는다.

보어로 시작하세요

☹ **The reason why you should pay the rent is simple.**

당신이 집세를 내야 하는 이유는 간단하다.

동사가 be동사이고 주어가 길 때 형용사인 보어를 문장머리로 도치할 수 있습니다. 보어의 내용을 강조하면서 동시에 문장머리가 너무 무거워지는 것을 막을 수 있답니다.

☺ **Simple is the reason why you should pay the rent.**

당신이 집세를 내야 하는 이유는 간단하다.

* 비교ㅣ 문장의 목적어도 문장머리로 옮길 수 있지만 이때는 이중도치는 하지 않습니다.

This you can do without sacrificing your career. (○)

이것은 당신의 경력을 희생하지 않고도 할 수 있는 일입니다.

That honesty is the best policy I have never doubted. (○)

정직이 최선의 방책이란 것을 나는 한 번도 의심해본 적이 없다.

☹ My feelings toward my best friend's success were complicated.

단짝 친구의 성공에 대한 내 감정은 복잡했다.

형용사 외에도, 과거분사형(~ed), 현재분사형(~ing) 보어에도 같은 원칙이 적용되며 비교급이나 최상급일 때도 흔히 문장머리에 놓습니다.

☺ Complicated were my feelings toward my best friend's success.

단짝 친구의 성공에 대한 내 감정은 복잡했다. .

Her intolerance of trivial mistakes and innocent jokes was absolutely unbearable.

사소한 실수와 악의 없는 농담에 대한 그녀의 엄격함은 정말 참기 힘들었다.

Absolutely unbearable was her intolerance of trivial mistakes and innocent jokes.

사소한 실수와 악의 없는 농담에 대한 그녀의 엄격함은 정말 참기 힘들었다.

Those who always tell me what is best for me are the worst of all.

내게 무엇이 최선인지 늘 말해주는 사람들이 그중 최악이다.

Worst of all are those who always tell me what is best for me.

그중 최악은 내게 무엇이 최선인지 늘 말해주는 사람들이다.

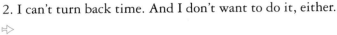

1. I rarely exposed my real character at school.

⇨

2. I can't turn back time. And I don't want to do it, either.

⇨

3. She didn't realize that she cared for him that much until his wedding.

⇨

4. I grew up with dolls and ribbons, but I have never felt that I was weaker than boys.

⇨

5. A warning sign was nowhere seen at the construction site.

⇨

6. Your home is the only place where you can find infinite love.

⇨

7. The right to purse profit is equally important.

⇨

8. Defining the borderline between friendship and love is extremely difficult.

⇨

9. Another distinctive factor of Korean culture is closely related to Confucianism.

⇨

10. Renowned names from William Shakespeare to James Joyce are also added to my list.

⇨

11. The sentences that have no proper punctuation are quite confusing.

⇨

12. The government's attempt to revise broadcasting bills is no less controversial.

⇨

13. Reading and satisfying her ever-changing desires is more important.

⇨

14. My family and friends who love me no matter what I
    do are much more important than a Christmas gift.

⇨

15. It is common people that have shaped history.
    Therefore, my mediocrity is hardly disappointing.

⇨

답 | 1. Rarely did I expose my real character at school. 2. I can't turn back time.
Nor do I want to. 3. Not until his wedding did she realize that she cared for him
that much. 4. Never have I felt that I was weaker than boys, although I grew up
with dolls and ribbons. 5. Nowhere was a warning sign seen at the construction
site. 6. You can't find infinite love in any other place than your home.→ You can
find infinite love in no other place than your home.→ In no place other than your
home can you find infinite love./In no other places can you find infinite
love./Nowhere else can you find infinite love. 7. Equally important is the right to
pursue profit. 8. Extremely difficult is defining the borderline between friendship
and love. 9. Closely related to Confucianism is another distinctive factor of Korean
culture. 10. Also added · to my list renowned names from William Shakespeare to
James Joyce. 11. Quite confusing are the sentences that have no proper punctuation.
12. No less controversial is the government's attempt to revise broadcasting bills.
13. More important is reading and satisfying her ever-changing desires. 14. Much
more precious than a Christmas gift are my family and friends who love me no
matter what I do. 15. It is common people that have shaped history. Hardly
disappointing therefore is my mediocrity./ Hardly disappointing is my mediocrity
because it is common people that have shaped history.

전치사구로 시작하세요

☹ A wine glass with a lipstick stain on it was on the table.

립스틱 자국이 묻은 와인 잔 하나가 탁자 위에 있었다.

비교적 긴 주어에, be, come, lie와 같은 동사를 사용하여 물리적 또는 추상적 위치를 나타낼 때 흔히 전치사구를 도치합니다.

☺ On the table was a wine glass with a lipstick stain on it.

립스틱 자국이 묻은 와인 잔 하나가 탁자 위에 있었다.

- -

☹ There are famous beaches, rivers and mountains near my grandmother's house.

우리 할머니 댁 근처에는 유명한 해변과 강, 산들이 있다.

유도부사 there가 있는 구문에서 전치사구를 단순도치하면, 'Near my grandmother's house, there are famous beaches, rivers and mountains.'가 됩니다. 즉 there를 빼지 않을 때에는 이중도치를 할 수 없고, 뺄 경우에만 아래와 같은 문장이 될 수 있습니다.

☺ Near my grandmother's house are famous beaches, rivers and mountains.

우리 할머니 댁 근처에는 유명한 해변과 강, 산들이 있다.

😞 You can escape from self-imposed isolation only by working with others.

다른 사람들과 함께 일함으로써만이 당신은 <u>스스로</u> 자초한 고립에서 탈출할 수 있다.

'only by', 'only through', 'only after' 처럼 only가 붙은 전치사구는 거의 이중도치합니다. 반면, only가 없을 때는 단순도치만 가능합니다.

😊 Only by working with others can you escape from self-imposed isolation.

다른 사람들과 함께 일함으로써만이 당신은 <u>스스로</u> 자초한 고립에서 탈출할 수 있다.

New ethical challenges that must be dealt with will come with these new technologies.

꼭 다뤄져야만 하는 새로운 도덕적 난제들이 이러한 새로운 기술들과 함께 올 것이다.

With these new technologies will come new ethical challenges that must be dealt with.

이러한 새로운 기술들과 함께 꼭 다뤄져야만 하는 새로운 도덕적 난제들도 올 것이다.

There is ceaseless pursuit of spiritual awakening in the center of his life.

그의 삶의 중심에는 영적인 각성에 대한 끝없는 추구가 있다.

In the center of his life is ceaseless pursuit of spiritual awakening.

그의 삶의 중심에는 영적인 각성에 대한 끝없는 추구가 있다.

❖ 실전문제 I 전치사구로 문장을 시작해 보세요.

1. There is a wide and clear river beyond the window of
   my room.
   ⇨

2. There was a long wooden bench outside the operating
   room.
   ⇨

3. There was a professional magician among the
   applicants.
   ⇨

4. Her caring smile is at the bottom of my heart. It always
   lifts up my spirit.
   ⇨

5. Prejudice against women of high intelligence lurks deep
   in their minds.
   ⇨

6. The true reason why she wants to become a soldier lies
   beneath her consciousness.
   ⇨

7. The most important lesson that I learned in my
   twenties came from this experience.

   ⇨

8. He would have been accepted by my parents only if he
   had had a decent job.

   ⇨

9. We can change ourselves only through thorough self-
   awareness.

   ⇨

10. He was able to become one of the most influential
    painters only after overcoming countless hardships.

    ⇨

답 | 1. Beyond the window of my room is a wide and clear river. 2. Outside the
operating room was a long wooden bench. 3. Among the applicants was a
professional magician. 4. At the bottom of my heart is her caring smile that always
lifts up my spirit. 5. Deep in their minds lurks prejudice against women of high
intelligence. 6. Beneath her consciousness lies the true reason why she wants to
become a soldier. 7. From this experience came the most important lesson that I
learned in my twenties. 8. Only if he had had a decent job would he have been
accepted by my parents. 9. Only through thorough self-awareness can we change
ourselves. 10. Only after overcoming countless hardships was he able to become one
of the most influential painters.

기타 유용한 도치구문들

☹ I could have bought a house if I had gotten the job.

그 직장을 얻었더라면 집을 하나 살 수 있었을 것이다.

가정법 구문의 if절은 대부분 도치가 가능합니다.

😊 I could have bought a house had I gotten the job.

그 직장을 얻었더라면 집을 하나 살 수 있었을 것이다.

* 비슷한 예 | if절 안에 should가 있는 경우 흔히 문장머리로 가져옵니다.
· They will try again if they should fail this time.
⋯➔ They will try again should they fail this time.
(그럴 리 없겠지만) 이번에 실패하면 그들은 다시 시도할 것이다.

- -

☹ Although it might sound naive, I don't believe that my life will be determined by grades or career.

순진한 소리로 들릴지 모르겠으나 내 인생이 학점이나 직업으로 결정될 거라 믿지 않는다.

양보절의 보어가 형용사일 때는 그 형용사를 문장머리에 놓고 그 뒤에 as를 삽입해줄 수 있습니다.

😊 Naive as it might sound, I don't believe that my life will be determined by grades or career.

순진한 소리로 들릴지 모르겠으나 내 인생이 학점이나 직업으로 결정될 거라 믿지 않는다.

☹ The total wealth of the society will increase, and the average wage will increase too.

사회 전체의 총 재산이 증가할 것이고 평균 임금도 증가할 것이다.

앞서 언급한 nor의 긍정형입니다. 다른 어떤 것 또한 그러하다는 의미를 표현할 때 〔so + 동사 + 주어〕 형태로 씁니다.

☺ The total wealth of the society will increase, and so will the average wage.

사회 전체의 총 재산이 증가할 것이고 평균 임금도 증가할 것이다.

☹ Water not only contains zero calories but also helps blood circulation.

물에는 열량이 전혀 없을 뿐 아니라 혈액순환에도 도움이 된다.

'not only ~ but also ~' 구문도 다음과 같이 도치가 가능합니다. 'Not only'를 문장머리에 두고 주어와 동사의 순서를 바꿉니다. 그리고 그 절이 끝나는 지점에 쉼표를 찍고, 'but + 대명사 주어 + also' 순서대로 씁니다.

☺ Not only does water contain zero calories, but it also helps blood circulation.

물에는 열량이 전혀 없을 뿐 아니라 혈액순환에도 도움이 된다.

😫 Nasty rumors that had nothing to do with me were spread.

나와는 아무런 상관도 없는 고약한 소문들이 퍼졌다.

주어에 that 관계사절이 붙어 있을 때, 주어부분보다 동사부분이 짧으면 that절을 뒤로 보낼 수 있습니다. 단, 동사부분에 that절을 받을 수 있는 명사의 형태가 있으면 안 됩니다.

😊 Nasty rumors were spread that had nothing to do with me.

나와는 아무런 상관도 없는 고약한 소문들이 퍼졌다.

* 주의 | 다음과 같은 문장에서는 that절을 뒤로 보내면 의미의 혼란이나 변동이 있으니 주의하세요.
· Nasty rumors that had nothing to do with me were spread among neighbors. (○)
나와는 아무런 상관도 없는 고약한 소문들이 이웃들 사이에 돌아다녔다.
· Nasty rumors were spread among neighbors that had nothing to do with me. (×)
나와는 아무런 상관도 없는 이웃들에게 고약한 소문들이 퍼졌다.

- -

😫 I was so shocked that I declared to my family that I would never eat beef again.

나는 너무나 충격을 받아서 우리 가족에게 다시는 쇠고기를 먹지 않겠다고 선언했다.

'so ~ that' 구문은 다음과 같이 도치가 가능합니다.

🙂 So shocked was I that I declared to my family that I would never eat beef again.

나는 너무나 충격을 받아서 우리 가족에게 다시는 쇠고기를 먹지 않겠다고 선언했다.

😫 He said that what mattered was when to do it, not where to do it.

그는 중요한 것은 언제 그것을 하느냐이지, 어디서 하느냐가 아니라고 말했다.

'He says that', 'She continues that', 'They discovered that', 'I learned that' 하는 식[대명사 주어 + 동사 + 목적의 that절]으로 시작하는 문장에서는, 그 주어와 동사를 that절의 주어 다음으로 옮겨서 삽입절로 전환할 수 있습니다. 이때 that은 생략합니다. that절의 주어가 대명사가 아닐 경우에만 적용하는데, 이렇게 하면 문장의 시작이 더욱 다채로워집니다.

🙂 What mattered, he said, was when to do it, not where to do it.

중요한 것은 언제 그것을 하느냐이지, 어디서 하느냐가 아니라고 그가 말했다.

* 비슷한 예ㅣ I discovered that several students cheated on the test.
··→ Several students, I discovered, cheated on the test.
여러 명의 학생이 그 시험에서 부정행위를 했다는 것을 발견했다.

chapter 4

다채로움을 더하는
어휘와 표현을 익히자!

다채로움을 더하는 어휘와 표현을 익히자!

다채로운 영어 표현을 위한 궁극의 도구는 다채로운 어휘일 테지만, 이것은 수십 개나 수백 개의 단어 암기로는 끝나지 않는 대장정이니 이 책의 직접적인 관심과 범위를 넘어섭니다. 대신 이 장에서는 한층 기본에 가까운 영역인, 다채로운 문장 구성에 도움이 되는 어휘와 용법, 문장 구성 등을 소개합니다.

다음은 우리들이 매우 자주 쓰는 어휘와 문장 구성입니다.

I spent 25,000 won buying the English-English dictionary.
People say that cosmetic surgery is a form of psychology therapy.
He quit smoking and drinking, so his health improved.

우리에게는 사람을 주어로 문장을 시작하는 경향이 있는데 첫 문장이 그 한 예입니다. 둘째 문장은 일반 사람을 주어로 목적절이 사용된 복문이고, 셋째 문장은 원인과 결과를 so로 연결한 중문으로서, 역시 둘 다 너무나 많이 쓰이는 문장구조입니다. 이 문장들을 다음과 같이 다르게 쓸 수 있다면 어떨까요?

The English-English dictionary cost me 25,000 won.

Cosmetic surgery is said to be a form of psychology therapy.

He quit smoking and drinking and thereby improved his
health.

동사 cost를 이용하여 물주구문을 만들고, say의 특성을 활용하
여 수동태 단문을 쓰고, thereby를 이용하여 그 흔한 so복문을 대체
하면, 문장의 다양함이 한층 강화되고 그로 인해 전체적으로 세련된
느낌을 줄 것입니다.

특별히 많은 양의 새로운 어휘를 익히지 않더라도, 여러분이 이미
획득하신 어휘를 잘 활용하면 문장에 자연스럽고 흥미로운 다채로움
을 더할 수 있다는 믿음으로 이 장을 구성하였습니다. 더불어 흔히 보
이는, 어색하거나 올바르지 못한 문장 구성의 예들도 가능한 대안과
함께 소개하였습니다. 본격적인 어휘 공부 이전에, 다채롭고 유연한
문장 구성을 익히는 마지막 단계이니 차분하게 읽어보면 좋겠습니다.

사람주어를 피하도록 돕는 동사(구)와 용법 모음

be	be동사를 너무 자주 쓰면 문장의 활기와 동사의 다채로움이 떨어지므로 과용하지 않는 것이 원칙입니다. 그러나 정적인 느낌을 살리고 싶을 때나 문장을 사람으로 시작하고 싶지 않을 때 이용하면 좋습니다.

☹ I spent a fruitful time at the summer camp.

나는 여름 캠프에서 알찬 시간을 보냈다.

☺ My time at the summer camp was fruitful.

여름 캠프에서의 시간은 알찼다.

☹ In high school, I got quite high grades.

고등학교 때 내 성적은 꽤 높았다.

☺ In high school, my grades were quite high.

고등학교 때 내 성적은 꽤 높았다.

☹ I dreamed that I would fall in love with only one girl and live happily ever after.

나는 내가 단 한 여자와 사랑에 빠져 영원히 행복하게 사는 것을 꿈꿨다.

☺ My dream was that I would fall in love with only one girl and live happily ever after.

내 꿈은 단 한 여자와 사랑에 빠져 영원히 행복하게 사는 것이었다.

take	1. 사람이 무엇을 하는 데 시간이 얼마나 걸린다는 내용을 표현하며 〔가주어 (it) + take + 사람 목적어 + 진주어 (to부정사)〕로 구성합니다.

☹ I spent two hours on writing this one paragraph.

나는 이 하나의 문단을 쓰는 데 두 시간을 보냈다.

☺ It took me two hours to write this one paragraph.

나는 이 하나의 문단을 쓰는 데 두 시간을 보냈다.

take	2. 특정 일이 사람에게 어떤 자질을 요구한다는 내용을 표현합니다. 이때는 사람을 목적어로 취하지 않습니다.

☹ We need great courage and honesty to admit our own faults.

우리 자신의 잘못을 인정하기 위해서는 커다란 용기와 정직함이 필요하다.

☺ It takes great courage and honesty for us to admit our own faults.

우리 자신의 잘못을 인정하기 위해서는 커다란 용기와 정직함이 필요하다.

take	3. 일이나 재능 등으로 사람이 어디론가 가게 된다는 내용을 표현합니다.

☹ I travel abroad a lot because of my job.

일 때문에 나는 해외로 출장을 자주 간다.

☺ My job takes me abroad a lot.

일 때문에 나는 해외로 출장을 자주 간다.

come	사람이 하는 물리적인 이동에만 쓰임새를 국한시키지 않고, 사물이나 추상적인 것을 의인화한다는 생각으로 쓰면 간단하면서도 세련된 물주구문을 가능하게 합니다.

😐 Afterwards I experienced an even more dramatic change.

곧이어 나는 훨씬 더 극적인 변화를 경험했다.

😊 Afterwards an even more dramatic change came to me.

곧이어 나는 훨씬 더 극적인 변화를 경험했다.

😐 As soon as he spoke the first word, I knew that he was Australian.

그 사람이 첫 단어를 말하자마자 나는 그가 호주 사람이란 걸 알았다.

😊 As soon as the first word came out of his mouth, I knew that he was Australian.

첫 단어가 그 사람 입에서 나오자마자 나는 그가 호주 사람이란 걸 알았다.

😐 When we saw the flag, we pushed each other even harder.

깃발을 보았을 때 우리는 서로를 더욱 세차게 독려했다.

😊 When the flag came into sight, we pushed each other even harder.

깃발이 시야에 들어왔을 때 우리는 서로를 더욱 세차게 독려했다.

leave 1. 사건 등이 사람에게 어렵거나 불쾌한 짐을 지우는 내용을 표현합니다. 〔사람 목적어 + with〕 형태로 써 줍니다.

🙁 I got a deep emotional scar when my best friend betrayed me.

단짝 친구가 나를 배신했을 때 나는 깊은 정서적인 상처를 받았다.

🙂 My best friend's betrayal left me with a deep emotional scar.

단짝 친구의 배신이 내게 깊은 정서적인 상처를 남겼다.

---

leave 2. 사건 등의 결과로 사람이 어떤 정서적 상태를 느끼는 내용을 표현합니다.

🙁 After a long walk in the park, I felt refreshed and invigorated.

공원에서의 긴 산책 후에 나는 상쾌함과 활기를 느꼈다.

🙂 A long walk in the park left me refreshed and invigorated.

공원에서의 긴 산책 후에 나는 상쾌함과 활기를 느꼈다.

---

leave 3. 사건, 성격 등으로 인해 사람이 특정한 행동노선이나 기회를 갖는다는 내용을 표현합니다.

🙁 Because she was too irresponsible, I had no choice but to fire her.

그 여자가 너무 무책임했기 때문에 해고할 수밖에 없었다.

🙂 Her extreme irresponsibility left me with no choice but to fire her.

그 여자가 너무 무책임했기 때문에 해고할 수밖에 없었다.

bring	사건, 감정 등이 원인이 되어 사람을 물리적으로 이동 시키거나 어떤 몸자세를 취하게 하거나, 혹은 감정적 상태에 처하게 하는 내용을 표현합니다.

He didn't tell me why he came to Seoul.

그는 왜 서울에 왔는지 내게 말해주지 않았다.

He didn't tell me what brought him to Seoul.

그는 왜 서울에 왔는지 내게 말해주지 않았다.

At the tragic news, I sat on my knees.

그 비극적인 소식에 나는 무릎을 꿇고 앉았다.

The tragic news brought me to my knees.

그 비극적인 소식에 나는 무릎을 꿇고 말았다.

build	자신감, 믿음이 점차 강해짐을 표현합니다. grow도 이 와 비슷합니다.

After successfully completing the work, I felt confident.

그 일을 성공적으로 완성한 후에 나는 자신감을 느꼈다.

After successfully completing the work, my confidence began to build.

그 일을 성공적으로 완성한 후에 자신감이 붙기 시작했다.

become	사람을 주어로만 쓰지 않습니다. 경우에 따라 동사나 전치사의 목적어를 주어로 삼으며 함께 써주기 좋은 동사입니다.

☹ I occasionally feel too much stress to bear.

나는 가끔씩 견디기 어려운 과중한 스트레스를 느낀다.

☺ Stress occasionally becomes too much for me to bear.

가끔씩 스트레스가 (내가) 견디기 어려울 정도로 커진다.

☹ Since nineteen, I have focused on music.

열아홉부터 나는 음악에 몰두했다.

☺ Since nineteen, music has become my focus.

열아홉부터 음악은 내 중심이었다.

prepare	일, 경험 등으로 사람의 정서나 기술 등이 다른 상황에 대비할 정도가 된다는 내용을 표현합니다.

☹ Although I had three months of intensive training, I couldn't handle real situations well enough.

나는 3개월간의 집중 훈련을 받았지만 실제 상황을 충분히 잘 다루지는 못했다.

☺ Three months of intensive training didn't prepare me well enough for real situations.

난 3개월간의 집중 훈련을 받았지만 실제 상황을 충분히 잘 다루지는 못했다.

teach	사람이 경험 등으로 인해 배우거나 깨달은 내용을 표현합니다.

☹ From these experiences, she learned that being perfect does not always produce a perfect result.

이러한 경험들로 인해 그녀는 완벽한 것이 언제나 완벽한 결과를 가져오지 않음을 배웠다.

☺ These experiences taught her that being perfect does not always produce a perfect result.

이러한 경험들로 인해 그녀는 완벽한 것이 언제나 완벽한 결과를 가져오지 않음을 배웠다.

☹ As I grew old, I became patient.

나이가 들어가면서 나는 인내심이 강해졌다.

☺ Age taught me patience.

세월이 내게 인내심을 가르쳤다.

extend	사람의 관심, 영향력이 특정한 범위까지 나아간다는 내용을 표현합니다.

☹ I am interested in literature, even in classics.

나는 문학뿐 아니라 심지어 고전문학에도 관심이 있다.

☺ My interest in literature extends to classics.

문학에 대한 나의 관심은 고전문학에도 이어진다.

allow	사건, 도움 등이 사람에게 어떤 일을 할 기회를 준다는 내용을 표현합니다. 〔사람 목적어 + to부정사〕 형태로 씁니다.

😣 Owing to an unexpected income, we were able to pay our debt.

예상치 않았던 수입 덕분에 우리는 빚을 갚을 수 있었다.

😄 An unexpected income allowed us to pay our debt.

예상치 않았던 수입 덕분에 우리는 빚을 갚을 수 있었다.

* 비슷한 예 | provide, give, cause, enable, encourage, force, compel 등도 각자 의미에 맞게 같은 용법으로 씁니다.

· Due to the surprising findings, we had to approach the problem from a totally different angle.

⋯→ The surprising findings forced us to approach the problem from a totally different angle.

그 놀라운 발견들로 우리는 완전히 다른 각도에서 그 문제에 접근해야 했다.

assure	방법, 도구 등이 사람에게 어떤 것을 확실히 가질 수 있도록 해준다는 내용을 표현합니다. 〔사람 목적어 + 명사/of 명사〕 형태로 씁니다.

😣 If the professor writes a recommendation letter for me, I will certainly get the job.

그 교수님이 날 위해 추천장을 하나 써주신다면 분명 그 일을 얻을 수 있을 것이다.

😄 The professor's recommendation letter will assure me of the job.

그 교수님이 날 위해 추천장을 하나 써주신다면 분명 그 일을 얻을 수 있을 것이다.

fill	사람이 어떤 감정을 강하게 느낀다는 내용을 표현합니다. 김정 자체나 감정을 일으키는 원인이 주어로 올 수 있습니다.

☹ When snow covers the ground and houses, I feel calm and peaceful.

눈이 땅과 집들을 덮으면 나는 고요함과 평화로움을 느낀다.

☺ When snow covers the ground and houses, calmness and peacefulness fill me/my heart.

눈이 땅과 집들을 덮으면 고요함과 평화로움이 내 마음을 가득 채운다.

☺ Snow covering the ground and houses fills me with calmness and peacefulness.

땅과 집들을 덮고 있는 눈은 내 마음을 고요함과 평화로움으로 가득 채운다.

begin	begin을 사람 주어로 썼을 경우 그것의 목적어나 목적어의 일부를 주어로 옮길 수 있는지 봅니다.

☹ My brother began to like jazz in high school.

우리 형은 고등학교 때 재즈를 좋아하기 시작했다.

☺ My brother's love of jazz began in high school.

우리 형은 고등학교 때 재즈를 좋아하기 시작했다.

afford	사물, 일, 경험 등이 사람에게 좋은 기회 등을 제공함을 표현합니다.

☹ You can enjoy a breathtaking ocean view from our hotel.

여러분은 저희 호텔에서 황홀한 바다 전경을 즐기실 수 있습니다.

☺ Our hotel affords you a breathtaking ocean view.

저희 호텔은 여러분께 황홀한 바다 전경을 제공합니다.

see	사건이 어떤 시대나 시기에 일어났다는 내용을 표현합니다.

☹ I woke up at 6 a.m. at the beginning of this semester.

나는 이번 학기 초반에는 아침 6시에 일어났다.

☺ The beginning of this semester saw me wake up at 6 a.m.

나는 이번 학기 초반에는 아침 6시에 일어났다.

illustrate	구체적인 예, 사건 등이 어떤 일을 잘 설명해 준다는 내용을 표현합니다.

☹ I'll show my contradictory personality by telling you an interesting episode.

여러분께 흥미로운 일화를 말씀드림으로써 모순되는 제 성격을 보여드리려 합니다.

☺ An interesting episode will illustrate my contradictory personality.

흥미로운 일화 하나가 모순되는 제 성격을 잘 보여줄 것입니다.

hit	생각, 감정이 갑자기 사람에게 들거나 영향을 미치는 내용을 표현합니다.

☹ On seeing tears in my mother's eyes, I suddenly felt guilty.

엄마의 눈에 맺힌 눈물을 보자 나는 갑자기 죄책감을 느꼈다.

☺ As soon as I saw tears in my mother's eyes, the guilt hit me.

엄마의 눈에 맺힌 눈물을 보자 갑자기 죄책감이 엄습해왔다.

require	일, 정신적 가치 등이 사람에게 어떤 조건, 자질 등을 요구한다는 내용을 표현합니다.

☹ You should have a remarkably strong will to make such a remarkable achievement.

그토록 놀라운 업적을 이루려면 놀랍도록 강한 의지가 있어야 한다.

☺ Such a remarkable achievement requires a remarkably strong will.

그토록 놀라운 업적은 놀랍도록 강한 의지를 요구한다.

* 비슷한 예 | demand, call for, entail 등도 각자 의미에 맞게 같은 용법으로 씁니다.

    · You should use a delicate approach to this problem.

    ···▸ This problem calls for a delicate approach.

    이 문제는 정교한 접근을 요구한다.

rule 좋지 않은 생각, 습관 등이 사람의 마음이나 삶에 영향을 미치는 내용을 표현합니다.

😫 I became extremely lazy.

나는 극도로 게을러졌다.

😄 Extreme laziness ruled me/my life.

극도의 게으름이 나/나의 삶을 지배했다.

face 사람이 어렵거나 불쾌한 상황에 처했음을 표현합니다. 사람을 주어로 흔히 쓰지만 목적어가 주어로 와도 좋습니다.

😫 I was faced with a series of challenges after graduation.

졸업 후에 나는 연속된 난제들에 부딪혔다.

😄 A series of challenges faced me after my graduation.

졸업 후에 나는 연속된 난제들에 부딪혔다.

wait 일, 변화 등이 그리 절박하거나 중요하지 않아 사람이 그 일을 나중으로 미룰 수 있음을 표현합니다.

😫 This is a crucial time for your career; you have to put off your marriage.

지금은 너의 경력에 결정적인 시기이므로 결혼은 나중으로 미뤄야 한다.

😄 This is a crucial time for your career; marriage has to wait.

지금은 너의 경력에 결정적인 시기이므로 결혼은 나중으로 미뤄야 한다.

persist	사람이 좋지 않은 일 등을 계속한다는 내용을 표현합니다.

☹ Call your doctor if you keep coughing.

계속 기침을 하면 의사에게 전화하세요.

☺ Call your doctor if the cough persists.

기침이 멈추지 않으면 의사에게 전화하세요.

fade	사람이 기억, 감정 등을 점차 잊어가는 내용을 표현합니다.

☹ When I began to forget the painful memories, she suddenly showed up again.

내가 그 아픈 기억들을 잊기 시작할 때 그 여자가 갑자기 다시 나타났다.

☺ When the painful memories began to fade, she suddenly showed up again.

그 아픈 기억들이 희미해지기 시작할 때 그 여자가 갑자기 다시 나타났다.

deepen	사람의 감정, 관심, 이해 등이 더욱 강해지는 내용을 표현합니다.

☹ Due to the field experiences, the students became more interested in ecology.

그 현장 경험 때문에 학생들이 생태학에 더욱 큰 관심을 갖게 되었다.

☺ The field experiences deepened the students' interest in ecology.

그 현장 경험이 학생들의 생태학에 대한 관심을 심화시켰다.

dictate	사람이 어떤 기준, 조건, 가치 등에 얽매이거나 영향을 받는 내용을 표현합니다.

😞 I don't think or behave according to conventions.

나는 인습에 의거하여 사고하거나 행동하지 않는다.

😊 Conventions don't dictate my thinking or behavior.

내 사고와 행동은 인습에 얽매이지 않는다.

lead	사건 등이 사람으로 하여금 어떤 일, 생각을 하도록 유도하는 내용을 표현합니다.

😞 After reading these examples, you might think that I'm a weak-minded man.

이와 같은 예들을 읽으신 후에 여러분은 제가 마음 약한 남자라고 생각하실지 모르겠습니다.

😊 These examples might lead you to think that I'm a weak-minded man.

이와 같은 예들을 읽으신 후에 여러분은 제가 마음 약한 남자라고 생각하실지 모르겠습니다.

favor	사람이 어떤 상황에서 어떻게 하는 것이 필요하다 또는 유리하다는 내용을 표현합니다.

😞 We need to think creatively in such an economic crisis.

이와 같은 경제 위기에서는 우리가 창의적으로 생각할 필요가 있다.

😊 Such an economic crisis favors creative thinking.

이와 같은 경제 위기에서는 창의적인 사고가 유리하다.

| imbue | 사람의 내면이 어떤 생각, 감정, 자질로 가득 차는 내용을 표현합니다. |

🙁 In this academic environment, I feel a stronger desire for knowledge.

이런 학구적인 분위기에서 나는 지식에 대한 더욱 강한 욕구를 느낀다.

🙂 This academic environment imbues me with a stronger desire for knowledge.

이런 학구적인 분위기는 내게 지식에 대한 더욱 강한 욕구를 불어 넣는다.

| appeal | 사물, 생각 등이 사람에게 흥미롭거나 매력적으로 여겨진다는 내용을 표현합니다. |

🙁 I found the idea attractive that I could sometimes visit her.

내가 가끔 그녀를 방문할 수 있다는 생각에 마음이 끌렸다.

🙂 The idea appealed to me that I could sometimes visit her.

내가 가끔 그녀를 방문할 수 있다는 생각에 마음이 끌렸다.

| endear | 사람의 자질, 재능 등이 원인이 되어 다른 사람의 애정을 받는다는 내용을 표현합니다. [원인 + 동사 + 사랑받는 사람 + to + 사랑하는 사람]으로 씁니다. |

🙁 We loved the little girl because of her angelic voice.

천사 같은 목소리 때문에 많은 사람들이 그 소녀를 사랑한다.

🙂 Her angelic voice endeared her to us.

천사 같은 목소리 때문에 많은 사람들이 그 소녀를 사랑한다.

awaken 사람이 어떤 계기로 사실, 진리 등을 알게 된다는 내용을 표현합니다. 〔계기 + 동사 + 사람 + to + 깨닫게 된 내용〕으로 씁니다.

😠 I came to know how ignorant I had been after I heard his teachings.

그 가르침을 받고 난 후에 나는 그 전에 내가 얼마나 무지했는지 알게 되었다.

😊 The teachings awakened me to how ignorant I had been.

그 가르침을 받고 난 후에 그 전에 내가 얼마나 무지했는지 알게 되었다.

strike 사람이 갑자기 생각, 아이디어를 떠올린다는 내용을 표현합니다.

😠 I suddenly realized that I was wasting my life.

인생을 허비하고 있음을 갑자기 깨달았다.

😊 It struck me that I was wasting my life.

갑자기 인생을 허비하고 있다는 생각이 들었다.

limit 일, 문제 등으로 사람의 능력, 소유 등이 줄어든다는 내용을 표현합니다.

😠 If you do a double major, you might not be able to study either of them in depth.

복수전공을 하면 어느 쪽도 심도 있게 연구할 수 없을지 모른다.

😊 Doing a double major might limit your ability to study in depth.

복수전공을 하는 것은 심도 있게 연구할 수 있는 능력을 제한할지 모른다.

merit	사람이 주제, 생각 등에 대해 고려, 조사 등을 취해야 할 필요가 있음을 표현합니다. (deserve도 비슷한 용법으로 씁니다.)

😟 We need to give more careful consideration to this proposal.

이 제안에 대해 좀 더 진지하게 고려해야 할 필요가 있습니다.

🙂 This proposal merits more careful consideration.

이 제안은 좀 더 진지하게 고려될 필요(가치)가 있습니다.

plague	불쾌한 일, 문제 등이 사람에게 계속 고통을 주는 상황을 표현합니다.

😟 I have been suffering from severe back pain for six months.

여섯 달 동안 나는 극심한 허리 통증으로 고생하고 있다.

🙂 A severe back pain has been plaguing me for six months.

여섯 달 동안 나는 극심한 허리 통증으로 고생하고 있다.

buzz around	생각, 의문 등이 사람의 머리에서 떠나지 않음을 표현합니다.

😟 I couldn't stop thinking of the problem.

그 문제를 생각하는 것을 멈출 수가 없었다.

🙂 The problem buzzed around in my head.

그 문제가 내 머릿속에서 계속 윙윙거렸다.

revolve around	사람들이 토론 등에서 이야기하는 주된 주제를 나타낼 때 씁니다. 〔토론 + 동사구 + 주제〕

☹ They mostly talked about the effectiveness of tax reduction in today's discussion.

그들은 오늘의 토론에서 주로 세금 감면의 효과에 대해서 논의했다.

☺ Today's discussion revolved around the effectiveness of tax reduction.

오늘의 토론에서는 세금 감면의 효과가 중심 주제였다.

turn A into B	어떤 계기로 사람이 다르게 변한다는 내용을 표현합니다.

☹ Once I get simple praise, I turn into a big spender.

단순한 칭찬 한 마디만 받으면 나는 큰 손으로 변해 돈을 마구 쓴다.

☺ Simple praise turns me into a big spender.

단순한 칭찬 한 마디는 나를 큰 손으로 만들어버린다.

be lost on	사람이 조언, 논평 등을 이해하지 못하거나 흘려 듣는 상황을 표현합니다.

☹ At that time, I didn't pay attention to my friend's sensible advice.

그 당시 나는 내 친구의 분별력 있는 충고에 관심을 기울이지 않았다.

☺ At that time, my friend's sensible advice was lost on me.

그 당시 나는 내 친구의 분별력 있는 충고를 흘려 들었다.

pass unnoticed	일, 사건 등을 알아주거나 눈치 채는 사람이 없는 상황을 표현합니다.

😟 **Nobody remembered my thirtieth birthday.**

아무도 내 서른 번째 생일을 기억하지 못했다.

😊 **My thirtieth birthday** passed unnoticed.

아무도 내 서른 번째 생일을 기억하지 못했다.

give way to	자리를 양보한다는 뜻으로, 습관, 관심 등이 다른 데로 옮겨가는 상황을 표현할 수 있습니다.

😟 **I was addicted to comic books before, and I am now addicted to computer games.**

나는 전에는 만화책에 중독되어 지냈었고 지금은 컴퓨터 게임에 중독되어 있다.

😊 **I was addicted to comic books before, but now comic books have** given away to **computer games.**

나는 전에는 만화책에 중독되어 지냈었고 지금은 컴퓨터 게임이 그 자리를 차지하고 있다.

meet with	사람의 의견, 제안 등이 다른 사람의 반응을 얻는 상황을 표현합니다.

😟 **I sincerely hope that the public will like your book.**

대중이 당신의 책을 좋아하길 진심으로 바랍니다.

😊 **I sincerely hope that your book will** meet with **a favorable response from the public.**

대중이 당신의 책을 좋아하길 진심으로 바랍니다.

result in	어떤 일을 하여 어떤 결과물을 냈음을 표현합니다.

☹ The psychologist analyzed tens of thousands of cases and then made a new theory on human psychology.

그 심리학자는 수만 건의 증상들을 분석하여 인간 심리에 대한 새로운 이론을 만들었다.

😊 The psychologist's analysis of tens of thousands of cases resulted in a new theory on human psychology.

수만 건의 증상에 대한 그 심리학자의 분석은 인간 심리에 대한 새로운 이론을 낳았다.

account for	어떤 일이 사람이 관련된 다른 사건, 상황의 원인이 됨을 표현합니다.

☹ In Korea, twenty-one people are killed a day in traffic accidents.

한국에서는 하루에 스물 한 명이 교통사고로 목숨을 잃는다.

😊 In Korea, traffic accidents account for twenty-one deaths a day.

한국에서는 하루에 스물 한 명이 교통사고로 목숨을 잃는다.

speak volumes	다른 사람의 외양, 태도 등을 보고 그 사람에 대한 많은 것을 알아낸다는 내용을 표현합니다.

☹ We can get a lot of information about people by observing their outfits.

사람들의 의복을 관찰함으로써 우리는 그들에 대한 많은 정보를 얻을 수 있다.

😊 People's outfits speak volumes about them.

사람들의 의복은 그들에 대한 많은 정보를 우리에게 알려준다.

수동태 단문을 만들어주는 동사 모음

assume	(확실한 근거가 없는 상태에서) 가정하다

☹ People assume that his death has to do with drug abuse.

사람들은 그의 사망이 약물 남용과 관련된 것으로 추정한다.

😊 His death is assumed to have to do with drug abuse.

그의 사망이 약물 남용과 관련된 것으로 추정된다.

* 비슷한 예 | assume과 뜻이 비슷한 presume도 같은 용법으로 쓰입니다. 단, 이 단어는 부
사형이 있으므로 부사를 사용하여 단문으로 바꿀 수도 있습니다.

· His death is presumed to have to do with drug abuse.

⋯▸ Presumably, his death has to do with drug abuse.

expect	예상하다 (that절에 있는 조동사 will, would는 뺍니다)

☹ It is expected that total employment will increase by 10 percent next year.

내년에 총 취업률이 10퍼센트 증가할 것으로 예상된다.

😊 Total employment is expected to increase by 10 percent next year.

내년에 총 취업률이 10퍼센트 증가할 것으로 예상된다.

* 비슷한 예 | project도 같은 의미에 같은 용법입니다.

predict	예견하다

☹ Many people predicted that she would win the competition.

많은 사람들이 그녀가 그 시합에서 우승할 거라 예견했다.

☺ She was predicted to win the competition.

그녀가 그 시합에서 우승할 거라 예견했다.

reveal	밝히다 (that절의 시제가 앞서면 to + have + p.p. 형태를 씁니다)

☹ It was revealed that the child had developed leukaemia as a result of gene therapy.

유전자 치료의 결과로 그 아이에게 백혈병이 발병했음이 밝혀졌다.

☺ The child was revealed to have developed leukaemia as a result of gene therapy.

유전자 치료의 결과로 그 아이에게 백혈병이 발병했음이 밝혀졌다.

remember	기억하다

☹ We will remember him as the one who laid the foundation for Korean music.

우리는 그를 한국 음악에 초석을 놓은 사람으로 기억할 것이다.

☺ He will be remembered for having laid the foundation for Korean music.

그는 한국 음악에 초석을 놓은 업적으로 기억될 것이다.

argue (근거를 대며) 주장하다

☹ Some people might argue that those interrogation techniques are too cruel.

일부 사람들은 그러한 취조 기술들이 너무 잔인하다고 주장할 수 있다.

☺ Those interrogation techniques might be argued to be too cruel.

그러한 취조 기술들이 너무 잔인하다고 주장될 수 있다.

estimate 양이나 가치를 어림짐작하다

☹ It is estimated that 15 percent of the world's population speaks English.

세계 인구의 15퍼센트가 영어를 쓰고 있는 것으로 추정된다.

☺ Fifteen percent of the world's population is estimated to speak English.

세계 인구의 15퍼센트가 영어를 쓰고 있는 것으로 추정된다.

☺ English is estimated to be spoken by 15 percent of the world's population.

영어는 세계 인구의 15퍼센트에 위해 사용되고 있는 것으로 추정된다.

fear 좋지 않은 일이 일어날까봐 혹은 일어났을까봐 걱정하다

☹ People are worried that the seven-year-old boy drowned in the river.

그 일곱 살 난 소년이 강에 빠져 익사했을까봐 사람들이 걱정한다.

☺ The seven-year-old boy is feared to have drowned in the river.

그 일곱 살 난 소년이 강에 빠져 익사한 것으로 우려된다.

report 보도하다, 이야기를 전하다

☹ It is reported that seventeen people were killed in the suicide terrorist attack.

그 자살 테러공격에 열일곱 명이 목숨을 잃었다고 보도되었다.

☺ Seventeen people are reported to have been killed in the suicide terrorist attack.

그 자살 테러공격에 열일곱 명이 목숨을 잃었다고 보도되었다.

announce 발표하다, 공지하다

☹ It was announced that our team was the winner of the first prize.

우리 조가 일등상을 받게 된다는 것이 발표되었다.

☺ Our team was announced to be the winner of the first prize.

우리 조가 일등상을 받게 된다는 것이 발표되었다.

다채로운 표현 및 문장구조 모음

☹ The scale of the reconstruction hasn't yet been decided.

재건축의 규모가 아직 결정되지 않았다.

사람이 어떤 일을 아직 하지 않았거나 어떤 일이 아직 일어나지 않았음을 표현할 때 〔haven't + yet + p.p.〕를 흔히 쓰지만, 대신 〔have + yet + to부정사〕를 쓸 수도 있습니다. 이때는 부정어 not 을 쓰지 않아야 함에 주의하세요.

☺ The scale of the reconstruction has yet to be decided.

재건축의 규모가 아직 결정되지 않았다.

☹ Losers beat around the bush while winners jump into a problem.

승자들은 문제에 바로 뛰어드는 반면, 낙오자들은 변죽만 울린다.

두 개의 독립절을 while, when, and, but 등의 연결어 없이 쉼표로만 연결하는 것은 문법적으로 올바르지 못합니다만, 의미가 정확한 대구를 이루는 두 문장은 쉼표로만 연결할 수 있습니다.

☺ Losers beat around the bush, winners jump into a problem.

낙오자들은 변죽만 울리고, 승자들은 문제에 바로 뛰어든다.

☹ After the incident, I overreacted to anyone who confessed their affection.

그 사건 이후로 나는 애정을 고백하는 모든 사람에게 과민반응을 보였다.

실제적으로는 사람이 하는 행위이지만, 표현상 사람 없이 행위만 써줘도 뜻이 통하는 경우들이 있습니다. 각 동사에 알맞은 전치사를 써주는 데 주의하세요.

☺ After the incident, I overreacted to any confessions of affection.

그 사건 이후로 나는 어떤 애정 고백에도 과민반응을 보였다.

* 비슷한 예ㅣ · My father used to get angry even if I made a tiny mistake.
아버지는 예전에 내가 미세한 실수를 할 때에도 화를 내곤 하셨다.
···→ My father used to get angry at my tiny mistakes.
아버지는 예전에 나의 미세한 실수에도 화를 내곤 하셨다.

- -

☹ My brother kept whining while following my mother, so finally she exploded.

남동생이 엄마를 졸졸 따라다니며 계속 징징거렸고, 그래서 드디어 엄마가 폭발하셨다.

앞 문장 내용이 원인이 되어 '드디어' 어떤 일이 벌어졌다할 때 다음과 같은 ', until'절을 쓸 수도 있습니다.

☺ My brother kept whining while following my mother, until she exploded.

남동생이 엄마를 졸졸 따라다니며 계속 징징거려서 드디어 엄마가 폭발하셨다.

😕 The professor will give each of us an individual assignment this semester.

이번 학기에는 교수님께서 우리 각자에게 개인 과제를 내주실 겁니다.

일반적으로 수동태를 과용하면 be동사가 반복되면서 문장이 늘어질 위험이 있지만, 주어가 너무나 명백하거나, 반복되거나, 불특정 다수일 때는 수동태가 문장의 시작이나 구성을 자연스럽고도 다양하게 만들어줄 수도 있습니다.

😊 Each of us will be given an individual assignment this semester.

이번 학기에는 우리 각자가 개인 과제를 받게 될 겁니다.

* 비슷한 예 │ · I have to mention the never-ending homework to describe the course
　　　　　　　···➤ The never-ending homework has to be mentioned in describing the course.
　　　　　　　그 수업을 묘사하기 위해서는 끝도 없는 숙제를 언급하지 않을 수 없다.

· Some people may denounce the punishment as too harsh.
···➤ The punishment may be denounced as too harsh.
그 처벌은 너무 가혹한 것으로 지탄받을 수 있다.

- -

😕 I like her because she is pretty, but what attracts me more is her unique personality.

그녀가 예쁘기 때문에 나는 그녀를 좋아하지만, 그보다 더 끌리는 점은 그녀의 독특한 인성이다.

두 가지 요소가 있어 '하나가 어떠하지만 다른 하나는 그보다 더하다'는 (단순비교가 아닌) 같은 방향으로의 비교를 할 때, [주어 + 동사 + less + 덜한 것 + than + 더한 것] 형태를 쓸 수도 있습니다.

😊 What attracts me to her is less her beauty than her unique personality.

내가 그녀에게 끌리는 이유는 그녀의 아름다움보다는 독특한 인성에 있다.

- -

😣 I couldn't talk to the boy or even make eye contact with him.

그 아이에게 말을 걸 수가 없었고 심지어 눈조차 마주칠 수 없었다.

부정적인 내용을 쓰고 그보다 더 부정적인 내용을 덧붙일 때, 'let alone', 'still less', 'much less' 등을 이용하면 좋습니다. 더 어렵거나 부정적인 내용을 그러한 표현들 다음에 넣어줍니다.

😊 I couldn't make eye contact with the boy, let alone talk to him.

그 아이에게 말을 걸기는커녕 눈도 마주칠 수가 없었다.

* 주의 | 'let alone', 'still less', 'much less' 뒤에 오는 품사의 형태는 통일된 것이 없고 앞 문장에서 내용상 연결되는 부분에 따릅니다.

· I couldn't buy a used car, still less a new one.
  나는 새 차는커녕 중고차도 살 수 없었다.

· They don't have enough water to drink, much less to bathe in.
  그들에겐 목욕할 물은커녕 마실 물도 없다.

😞 I am not different from other students in my school.

나는 우리 학교의 다른 학생들과 다르지 않다.

not과 different가 같이 쓰일 때는 not 대신 no를 쓸 수 있습니다.

😊 I am no different from other students in my school.

나는 우리 학교의 다른 학생들과 다르지 않다.

* 비교 | 주어가 무엇이 아님을 강조하는 문장에서도 다음과 같이 명사 앞에 no를 씁니다.
· It was no secret to most of us.
그것은 우리 대부분에게 비밀이 아니었다.

- -

😞 My cell phone is as small as my palm.

내 휴대전화는 내 손바닥만큼 작다.

'내 손바닥만큼 작다'는 원급의 표현이 작다는 것에 비중을 둔 의도라면 no와 '비교급'을 결합한 비교급 형태로 쓸 수도 있습니다. 비교급 앞에서도 not보다는 no가 어울린다는 점을 알아두세요.

😊 My cell phone is no bigger than my palm.

내 휴대전화는 내 손바닥보다 크지 않다.

* 비교 | 작다, 크다는 의미보다 객관적으로 비슷한 크기임을 말하고자 할 때는 다음과 같이 씁니다.
· My cell phone is as big as my palm./ My cell phone is about the size of my palm.
내 휴대전화는 내 손바닥 크기만하다.

☹ Surprisingly, the killer was the victim's son.

놀랍게도 살인범은 피해자의 아들이었다.

'놀랍게도 무엇은 무엇이다' 는 표현을 할 때 그냥 써도 좋지만, '다름 아닌' 의 의미를 지닌 'no other than' 이나 'none other than' 을 해당 명사 앞에 붙여주면 놀랍다는 의미가 한층 살아납니다.

☺ Surprisingly the killer was none other than the victim's son.

놀랍게도 살인범은 다름 아닌 피해자의 아들이었다.

- -

☹ Rumors spread that our family would emigrate to the U.S.

우리 가족이 미국으로 이민 갈 거라는 소문이 퍼졌다.

'소문이 퍼지다' 는 표현을 쓸 때, spread는 '소문' 과 매우 잘 어울리는 동사이지만 너무 그것에만 의지하는 것은 단조롭습니다. 어떤 단어가 적절하긴 하나, 표현의 다양성을 주고자 다른 적합한 단어를 쓰고 싶을 때는 연어사전(collocation dictionary)을 이용하세요. 위의 경우에는 명사 rumor를 연어사전에서 찾으면 그것을 주어로 취할 수 있는 동사나 동사구를 최소 다섯 개 정도 확인할 수 있습니다.

☺ Rumors circulated that our family would emigrate to the U.S.

우리 가족이 미국으로 이민 갈 거라는 소문이 돌았다.

☹ My little sister said that she would never again do an errand for me.

여동생은 다시는 내 심부름을 하지 않겠다고 말했다.

say는 기본동사로서 매우 유용하게 흔히 쓰이지만, 역시 이것에만 의존하는 것은 역시 표현의 단조로움을 낳을 위험이 있습니다. 이 경우는 명사 sister와 짝을 이루는 동사가 딱히 있을 리 없으니 연어사전은 소용이 없습니다. 대신 유의어(thesaurus) 사전에서 동사 say의 유의어를 살펴보는 것이 도움이 됩니다. '언제나'라고 장담할 수는 없지만, 많은 경우 적당한 대안을 찾을 수 있습니다.

☺ My little sister declared that she would never again do an errand for me.

여동생은 다시는 내 심부름을 하지 않겠다고 선언했다.

😣 I spent too much time on making the decision, so I missed the opportunity.

그 결정을 내리는 데 나는 너무 많은 시간을 보냈고, 그래서 그 기회를 놓쳤다.

앞 문장 내용의 결과 다음 문장의 상황이 되었다는 표현을 할 때, 위와 같이 so를 사용한 중문을 써도 좋고, 같은 주어 반복을 피하고 and로 단문을 만들어주되 모호한 논리 연결을 피하기 위해 and 뒤에 thus, thereby, therefore, then 등의 부사를 넣어줄 수도 있습니다.

😊 I spent too much time on making the decision and therefore missed the opportunity.

그 결정을 내리는 데 너무 많은 시간을 보냈고 그로 인해 그 기회를 놓쳤다.

* 비교 ┃ 문장 내용에 따라 instead가 어울리는 경우도 있습니다.

· I wanted to eat a chocolate cake, but I picked up a tuna sandwich.

···→ I wanted to eat a chocolate cake but instead picked up a tuna sandwich.

나는 초콜릿 케이크를 하나 먹고 싶었지만 대신 참치 샌드위치를 집어 들었다.

☹ This contradiction of my personality brings about
serious misunderstandings. For example, some think
that I'm sexist or gay.

내 성격의 이러한 모순은 심각한 오해를 초래한다. 예를 들어 어떤 이들은 나를 성차별주
의자이거나 동성애자라고 여긴다.

어떤 진술을 하고 'for example', 'for instance', 'say' 등을
써서 그 예를 하나만 간단하게 밝혀줄 때는 위와 같이 다른 문장을
따로 만들지 않고, 아래와 같이 한 문장에 다 담을 수도 있습니다. 단
'such as'나 콜론(:) 등을 써서 해당 예들을 여러 개 자세히 나열할
때는 어울리지 않는 구성입니다.

☺ This contradiction of my personality brings about
serious misunderstandings that, for example, I'm
sexist or gay.

내 성격의 이러한 모순은 가령 내가 성차별주의자이거나 동성애자라는 식의 심각한 오해
를 초래한다.

* 비교 | 여러 개의 예들을 정식으로 소개할 때는 다음과 같은 문장으로 씁니다.

· This contradiction of my personality brings about serious misunderstandings:
I'm sexist or gay; in finite selfishness, I'm indifferent to others' feelings;
nothing can satisfy me.

내 성격의 이러한 모순은, 내가 성차별주의자이거나 동성애자라거나, 무한한 이기심 속
에서 남의 감정에 무관심하다거나, 혹은 아무 것도 날 만족시킬 수 없다는 식의 심각한
오해를 초래한다.

☹ Television provides us with almost all kinds of information and experience. Only if we click the remote, it shows us everything.

텔레비전은 우리에게 거의 모든 종류의 정보와 경험을 제공한다. 리모컨을 켜기만 하면 그것은 우리에게 모든 것을 보여준다.

두 번째 문장의 대명사 it은 앞 문장의 Television을 가리키는 대명사입니다. 올바른 용법이지만, 앞서 나온 명사나 절 등을 가리킬 때 언제나 대명사만 쓰는 것은 문장의 표현을 단조롭고 빈약하게 만들 우려가 있습니다. 다음의 예와 같이 적절한 맥락에서 이미 말한 내용을 논리적으로 다시 정리해 주는 구체적인 명사로 대명사를 대체해 주면, 풍부한 논리적 공명과 표현을 문장에 부여할 수 있습니다.

☺ Television provides us with almost all kinds of information and experience. Only if we click the remote, the magic box shows us everything.

텔레비전은 우리에게 거의 모든 종류의 정보와 경험을 제공한다. 리모컨을 켜기만 하면 그 요술 상자는 우리에게 모든 것을 보여준다.

* 비슷한 예ㅣ · I had a hard time communicating with the foreign staff, but I was more motivated by the challenge(◂⋯ it).

외국인 스태프와 의사소통하기가 힘들었지만 나는 그 도전으로(◂⋯그것으로) 더욱 큰 자극을 받았다.

· This new policy might disadvantage part-time workers against its purpose. To prevent an unintended result(◂⋯ it), government must share the financial burden with employers.

이 새로운 정책은 의도와는 달리 시간제 노동자들에게 불이익을 줄 수 있다. 의도되지 않은 결과(◂⋯ 그것을)를 예방하기 위해 정부는 고용주들과 재정적 부담을 나누어야만 한다.

기타 단조롭고 어색한 문장을 고치는 방법들

> 😫 Because I hated to be disrupted my concentration, I locked the door.
>
> 나는 내 집중력이 방해받는 것을 싫어했기 때문에 문을 잠갔다.(?)

목적어와 목적보어가 있는 5형식 문장을 쓸 때는 목적어가 길지 않는 한, 목적어를 목적보어 앞에 씁니다.

> 😊 Because I hated my concentration to be disrupted, I locked the door.
>
> 나는 내 집중력이 방해받는 것을 싫어했기 때문에 문을 잠갔다.

- -

> 😫 My surprised friends at my change asked me what had happened to me.
>
> 내 변화에 놀란 친구들이 내게 무슨 일이 있었냐고 물었다.(?)

'My surprised friends at my change' 부분은 우리말의 기계적인 직역으로서 영어로는 말이 안 됩니다. 전치사구 'at my change'가 의미상 바로 앞의 명사 friends와 연결되지 않고 형용사 surprised에 연결되기 때문입니다. 이럴 때는 서로 연결되는 형용사, 전치사구를 붙여서 분사구문으로 따로 써줍니다.

> 😊 My friends, surprised at my change, asked me what had happened to me.
>
> 친구들이 내 변화에 놀라서 내게 무슨 일이 있었냐고 물었다.

· My surprised friends asked me what had happened to me.

놀란 내 친구들이 내게 무슨 일이 있었냐고 물었다.

· The tall boy at the front door is my cousin.

현관문에 있는 키 큰 남자 아이는 내 사촌이다.

- -

☹ It gives us intense curiosity before we open this little gift box.

그것은 우리가 이 작은 선물 상자를 열기 전에 강렬한 호기심을 느끼게 한다.

대명사 주어 it는 뒤에 진주어와 함께하는 가주어일 때만 뒤에 오는 말을 가리킬 수 있습니다. 위의 문장에서처럼 뒤에 나오는 명사 box를 가리키는 용도로 쓰지 않습니다. 명사를 가리킬 때는 그 명사가 먼저 오고 나중에 그것을 가리키는 대명사를 씁니다.

☺ This little gift box gives us intense curiosity before we open it.

이 작은 선물 상자는 우리가 그것을 열기 전에 강렬한 호기심을 느끼게 한다.

* 비교 | 가주어로 쓰이는 경우와 비교해 보세요.

· It gives us intense curiosity to meet someone online.

온라인상에서 누군가를 만나는 것은 우리에게 강렬한 호기심을 준다.

😞 I love ugg boots because whenever I wear them, my
legs look thin.

나는 어그 부츠를 매우 좋아하는데, 그 이유는 내가 그것을 신을 때마다 다리가 가늘어
보이기 때문이다.

'whenever I wear them'과 같이 의미상 불필요하거나 반복되
는 부사절이 쓰여, 괜스레 단문이 복문이 되고 복문이 이중 복문이
되는 경우가 매우 많습니다. 특히 부사절을 쓸 때 꼭 필요한지 다시
한 번 살펴보세요.

😊 I love ugg boots because they make my legs look thin.
I love ugg boots because my legs look thin in them.

나는 어그 부츠를 매우 좋아하는데, 그 이유는 그것을 신으면 내 다리가 가늘어 보이기
때문이다.

---

* 비슷한 예 | · You must recognize any small changes in her looks every time she
changes her hair style or earrings.
···→ You must recognize any small changes in her looks such as hair
style or earrings.
그녀의 외모 중에서 머리 모양이나 귀걸이 같은 작은 변화를 알아채야 한다.

☹ Living a life is not an easy task, and this truth applies to all human beings, as we're all mortal beings.

삶을 사는 것은 쉬운 과제가 아니다. 이 진실은 모든 인간에게 적용되는데 그 이유는 우리 모두 유한한 존재이기 때문이다.

task, truth, human beings, mortal beings 등 불필요하거나 반복되는 명사를 지나치게 많이 쓰면서, 단문이면 충분한 내용을 중문과 복문의 복합체로 복잡하게 쓰는 경우가 종종 있습니다. 이유 없이 명사가 늘어나면 그것을 뒷받침하기 위해 불필요한 동사와 전치사들도 덩달아 생겨나니 주의하세요.

☺ Living a life is not easy for all living things, including humans.

삶을 사는 것은 인간을 포함한 모든 유한한 존재들에게 쉽지 않다.

😣 I pray to God for having excellent conversational skills.

신께 뛰어난 대화 기술을 갖게 해주십사 기도했다.

'for having ~ skills' 에서처럼, 전치사와 명사 사이에 불필요하게 동사나 동명사를 넣는 경우가 많습니다. 동사나 동명사가 빠져서 전치사와 명사가 더욱 간결하고 자연스럽게 연결되는지 확인하세요.

😊 I pray to God for excellent conversational skills.

신께 뛰어난 대화 기술을 주십사 기도했다.

* 비슷한 예 | · I didn't have an answer to (~~solve~~) his problems.

그의 문제에 대한 해답이 내게는 없었다.

· What are the keys to (~~making~~) success?

어떤 것들이 성공의 열쇠인가요?

· Winter is the perfect season for (~~having~~) a trip to Hawaii.

겨울은 하와이 여행의 최적기이다.

☹ The tragedy vividly shows how love can be as dangerous as hatred.

그 비극은 사랑이 어떻게 미움처럼 위험해질 수 있는지 생생하게 보여준다.

위의 문장은 반드시 어색한 문장은 아닙니다. 다만 사랑이 위험할 수 있다는 전제하에 그 정도에서 '얼마만큼 위험해질 수 있는 건지' 를 말하는 것이라면 형용사 dangerous가 how 바로 다음에 붙어야 합니다. 위 문장은 사랑이 위험하지 않다는 전제를 깨고 그것이 '어떻게 위험할 수 있는지' 를 뜻합니다.

☺ The tragedy vividly shows how dangerous love can be as hatred.

그 비극은 사랑이 미움처럼 얼마나 위험해질 수 있는지 생생하게 보여준다.

☹ The more children are sensitive, the more they are
affected by TV violence.

더 많은 아이들이 민감할수록 텔레비전에 나오는 폭력에 더 많이 영향받는다.

'~할수록 ~하다'는 [the 비교급 + the 비교급] 구문을 쓸 때, 비
교급과 의미상 직결되는 요소가 형용사나 부사라면 동사 다음이 아
닌, 비교급 바로 뒤에 놓아줍니다. 그렇지 않으면 의미의 혼란을 초래
할 수 있습니다.

☺ The more sensitive children are, the more affected
they are by TV violence.

아이들이 민감할수록 텔레비전에 나오는 폭력에 더 많이 영향받는다.

* 비교 | 비교급이 내용상 주어인 명사와 연결된 경우입니다.

· The more children come, the less your chance of winning becomes.
더 많은 아이들이 올수록 네가 이길 가능성은 더 적어진다.

😞 The insightful words changed my life surprisingly.

그 통찰력에 가득 찬 말씀들이 내 생활을 놀랍게 변화시켰다.(?)

'It had a great influence on my life' 라는 식보다 'It greatly influenced my life' 라는 형태의 문장이 더욱 간결하다고 1권에서 말씀드린 적이 있습니다만, 위의 문장에서 우리말을 그대로 옮겨 놓은 듯한 changed와 surprisingly의 조합은 어색합니다. 이런 경우는 조금 길어지더라도 다른 동사를 써주든지, 어울리는 부사로 바꿔주든지 합니다.

😊 The insightful words brought a surprising change to my life.

그 통찰력에 가득 찬 말씀이 내 삶에 놀랄만한 변화를 가져왔다.

😊 The insightful words changed my life enormously.

그 통찰력에 가득 찬 말씀이 내 삶을 엄청나게 변화시켰다.

* 비슷한 예 | 부사를 그냥 형용사로 바꿔 알맞은 명사 앞에 옮겨주기만 하면 되는 경우도 있습니다.

· The memories are carved in my mind painfully.

⋯▸ The painful memories are carved in my mind.

그 고통스런 기억이 내 마음에 새겨져 있다.

☹ **I meet only a few people deeply.**

나는 소수의 사람들하고만 깊게 만난다.

친밀하거나 깊은 관계를 표현할 때, 우리말을 그대로 옮겨 부사 deeply를 사용하여 위의 문장처럼 쓰는 경우가 잦습니다. deeply는 주로 물리적 깊이나 감정의 정도 등을 표현합니다. 사람을 깊이 사귄다 는 뜻을 표현하고자 할 때 meet, date 등의 동사들과 연결하지 마세요.

☺ **I have a deep/close/intimate relationship with only a few people.**

나는 소수의 사람들하고만 깊은/친밀한 관계를 맺는다.

* 비교 | deeply가 자연스러운 예들입니다.

· The murder weapon was deeply buried in the backyard.

그 살인 흉기가 뒤뜰에 깊이 묻혀 있었다.

· I am deeply grateful for your kindness.

당신의 친절함에 깊이 감사드립니다.

😫 **I want to express my feelings naturally.**

내 감정을 자연스럽게 표현하고 싶다.(?)

deeply와 함께 가장 자주 어색하게 쓰이는 부사가 naturally입니다. 역시 우리말 직역이지요. naturally는 주로 당연한 결과나 타고난 자질을 표현합니다. express와 어울리는 부사로 바꾸든지, naturally의 의미를 살려서 써줍니다.

😊 **I want to express my feelings well/clearly.**

내 감정을 잘/명확하게 표현하고 싶다.

😊 **I wish I were naturally competent at expressing my feelings.**

내 감정을 표현하는 데 타고난 능력이 있으면 좋겠다.

☹ To reduce stress, I began to set up a daily schedule to do this homework.

스트레스를 줄이기 위해서 나는 이 숙제를 하기 위해서 매일의 일정을 세우기 시작했다.

목적을 나타내는 to부정사가 문장에 둘 있으면 의미상 어색합니다. 글쓴이의 의도에 따라 여러 가지 해답이 가능한데, 핵심은 목적의 to부정사 부분을 하나만 쓰는 것입니다.

☺ I began to set up my daily schedule to do this homework with/under less stress.

나는 스트레스를 덜 받으며 이 숙제를 하기 위하여 매일의 일정을 세우기 시작했다.

☺ To reduce stress, I began to do this homework according to a daily schedule.

스트레스를 줄이기 위하여 나는 매일의 일정에 맞추어 이 숙제를 하기 시작했다.

☺ To reduce the stress that comes from doing this homework, I began to set up a daily schedule.

이 숙제를 하는 데서 비롯된 스트레스를 줄이기 위해서 나는 매일의 일정을 세우기 시작했다.

☹ By keeping a daily journal, I don't stagnate in the past but keep moving towards the future.

매일 일지를 적음으로써 나는 과거에 정체되지 않고 미래를 향해 계속 나아간다.(?)

주절의 두 동사 'don't stagnate' 와 'keep moving' 중에서 의미상 주가 되는 동사는 후자입니다. 대부분 의미상 주동사를 주어 다음에 놓는 것이 적절합니다. 더구나 위의 문장에서는 적극적인 행위를 표현한 전치사구 'By keeping daily journal' 이 부정성과 소극성이 짙은 'don't stagnate' 와 어울리지 않기 때문에, 긍정성과 적극성이 돋보이는 'keep moving' 이 주동사로 와야 합니다. 첫째 동사 부분은 굳이 필요하지 않을 것 같으면 아예 뺄 수도 있고, 굳이 쓴다면 분사구문이나 전치사구 등으로 처리합니다.

☺ By keeping a daily journal, I keep moving towards the future (, not stagnating in the past).

매일 일지를 적음으로써 나는 (과거에 정체되지 않고) 미래를 향해 계속 나아간다.

☹ Due to the lack of self-trust, I lost my way, swayed by what others say.

> 나의 자신에 대한 믿음 부족 때문에 나는 다른 사람들이 하는 말에 휘둘리면서 길을 잃었다.

분사구문이 여러 개 있는 문장이라면 모든 분사는 주절의 주어와 의미 호응을 이뤄야 합니다. 그러나 분사구문이 있고, 따로 전치사구가 있을 때, 이 전치사구는 반드시 주절과 의미상 연결되지는 않습니다. 전치사구의 의미가 주절이 아닌 분사구문과 더 긴밀하다면, 막연히 주어 앞에 둘 것이 아니라 더욱 적극적으로 분사구문과 연결될 수 있는 구조를 만들어 주세요.

☻ I lost my way because I was swayed by what others say due to my lack of self-trust.

> 내가 자신에 대한 믿음 부족으로 다른 사람들이 하는 말에 휘둘렸기 때문에 갈 길을 잃었다.

☻ Due to my lack of self-trust, I was swayed by what others say and eventually lost my way.

> 자신에 대한 믿음 부족으로 인해 나는 다른 사람들이 하는 말에 휘둘렸고 결국에는 갈 길을 잃었다.

☹ After walking up to the girl, I asked her name after introducing myself.

나는 그 아이에게 다가간 후에 내 소개를 한 후에 이름을 물어보았다.

앞의 to부정사 경우와 마찬가지로, 동일한 분사구문을 한 문장에 두 번 쓰면 어색합니다.

☺ I walked up to the girl and asked her name after introducing myself.

나는 그 아이에게 다가가서 내 소개를 한 후에 이름을 물어보았다.

- -

☹ Adultery is no trivial matter in reality where regards it as a crime.

간통은 그것을 범죄로 규정하는 현실에서는 사소한 문제가 아니다.(?)

where, when 등이 이끄는 관계부사절은, 선행사를 꾸미는 관계사절(형용사절)과 달리 그 뒤의 문장이 문법적으로 완전해야 합니다. 부사절이기 때문에 앞의 명사를 수식할 수 없으니 그 자체로 다 갖추고 있어야 합니다.

☺ Adultery is no trivial matter in reality where it is regarded as a crime.

간통은 그것을 범죄로 규정하는 현실에서는 사소한 문제가 아니다.

☹ When a female celebrity comes back from a vacation and if she looks a little different, people presume that she has had cosmetic surgery.

여자 연예인이 휴가에서 돌아왔을 때 그리고 그녀가 만일 조금 다르게 보이면 사람들은 그녀가 성형수술을 받은 것이라 추정한다.

주절 앞에 부사절이 여러 개 올 수 있지만, 불필요하게 and, but 등을 써서 나열할 필요는 없습니다. 특히 when절은 다른 부사절 뒤에 놓는 것이 더 자연스러울 때가 많으니 이 점에 유의하세요.

☺ If a female celebrity looks a little different when she comes back from a vacation, people presume that she has had cosmetic surgery.

여자 연예인이 휴가에서 돌아왔을 때 조금 다르게 보이면 사람들은 그녀가 성형수술을 받은 것이라 추정한다.

☹ As I take a look at my poems, most of them were written in fall.

내 시들을 보니 대부분이 가을에 쓰여졌다.

'내 시 대부분이 가을에 쓰여졌다' 는 사실을 담담하게 진술하려는 문장인지, 가령 '어젯밤에 내 시를 다시 읽어보니 대부분이 가을에 쓰여 졌음을 새삼 알게 되었다' 는 특정한 행위와 각성을 생동감 있게 진술하려는 문장인지 애매모호합니다. 어느 쪽이든 확실히 그에 걸맞은 어감이 전달되도록 문장을 구성해 봅니다.

☺ Most of my poems were written in fall.

내 시의 대부분은 가을에 쓰여졌다.

☺ When I took a look at my poems last night, I found out that most of them had been written in fall.

어젯밤에 내 시들을 다시 읽을 때 대부분이 가을에 쓰여졌다는 것을 발견했다.

Shocked by the poor academic environment on the island, I made up my mind to spend the rest of my military service for the kids and went to the chief's office. It was an unprecedented event that a mere soldier visited the chief of the coast guard alone.

나는 그 섬의 열악한 학업 환경에 충격을 받고 남은 군복무 기간을 그 아이들을 위해 쓰 겠다고 마음먹고 소장실로 갔다. 일개 병사가 해안경비소장을 홀로 방문한 것은 전례가 없는 일이었다.

길거나 중간 길이의 문장이 많은 가운데 가끔 짧은 문장을 효과 적으로 구사하면, 그 내용이 깔끔하게 돋보이면서 장황한 문장의 흐름에 경쾌한 박자를 주는 효과가 있습니다. 위의 예에서 'went to the chief's office' 하는 부분이 내용상으로나 혁식상으로 짧게 독립절로 쓰기에 더욱 적절한 경우입니다. 동일한 주어를 반복하 지 않고 and 등으로 나열한다는 원칙이 그리 합당하지 않는 대표적 인 예입니다.

Shocked by the poor academic environment one the island, I made up my mind to spend the rest of my military service for the kids. I went to the chief's office. It was an unprecedented event that a mere soldier visited the chief of the coast guard alone.

나는 그 섬의 열악한 학업 환경에 충격을 받고 남은 군복무 기간을 그 아이들을 위해 쓰겠 다고 마음먹었다. 나는 소장실로 갔다. 일개 병사가 해안경비소장을 홀로 방문한 것은 전 례가 없는 일이었다.

· The actress clearly showed us how much damage excessive cosmetic surgery can do to our body. So did many other people, and all of their stories make one thing clear. Cosmetic surgery is no magic spell.

···→ The actress clearly showed us how much damage excessive cosmetic surgery can do to our body, so did many other people. All of their stories make one thing clear: Cosmetic surgery is no magic spell.

그 여배우는 과도한 성형수술이 우리 몸에 얼마나 큰 피해를 줄 수 있는지 명백히 보여주었고, 다른 많은 이들의 경우도 마찬가지다. 그들의 이야기가 한 가지 분명하게 해주는 점은 성형수술이 마법의 주문은 아니라는 것이다.

지금까지 거론한 다채로운 표현 · 구문들을 사용하여 영작해 보았습니다. 복습 겸 재미삼아 읽어 보세요.

* 문장머리 아래의 큰 글자는 문장 전체의 형식을 가리키고, 중간 부분의 내용은 해당 부분의 형식을 이릅니다.

Is It Foxy Enough?

Vampires have definitely been one of the most popular
단문

folkloric characters in modern Western culture. These
복문과 중문 혼합

blood-sucking creatures have terrified people not only

because they can destroy human life with two sharp fangs,
not only but also 구문 활용으로 불필요한 반복 피함

but because their human-like figure makes it extremely
가목적어, 의미상의 주어 구문 활용

hard for us to distinguish them from fellow humans. In

addition, their life is nearly immortal. Inspired by these
단문. 전치사구로 문장 시작　　　　　　　　　　　단문. 분사구문 단문 & 분사구문으로 문장시작

almost indestructible enemies, many Hollywood movie

makers and all sorts of writers have created or adapted

vampire stories and thereby been able to reap handsome

profits from inside and outside their country.

When I saw *Twilight*, another vampire movie, attracting

millions of moviegoers this summer, a question struck me:

Don't we Koreans have a folkloric character similar to the

vampire, a fear-inspiring creature that terrorizes us with

the abilities to kill humans, to take human-like form, and

to live an incredibly long life? With this came another

question: Have the stories of that creature, like those of

vampires, been captivating a large audience, inside and

outside our country? My answers were yes and no. Quite

similar to vampires are nine-tailed foxes in that they have

been feared for eating human livers, for transforming into

humans, and living for hundreds, even thousands, of years.

The story of this amazing creature is certainly dear to
단문, be동사를 이용한 물주구문

many Koreans' hearts, including mine. Whenever a TV
복문과 중문 혼합, 부사절로 문장 시작

drama featuring a fox-woman with bloody eyes and mouth

is aired, it gets good ratings, and the actress in the leading
전치사구 단문 : the actress who plays the leading role

role becomes popular. But the stories, I'm afraid to say,
단문   주절을 삽입절로

have not been as widely successful and profitable as

vampire stories; rarely have I seen a movie or a novel about
단문, 부정어로 문장 시작한 이중도치

this creature become a blockbuster or a best seller.

Why is this so? Although the first thing that occurs to
단문   복문, 부사절로 문장 시작

my mind is budget problems, money cannot be the whole

story. An interesting and entertaining movie isn't just
단문

about spectacular, vivid pictures. Furthermore, writing a
복문, 연결부사로 문장 시작

novel, whether in Korean or English, does not require
부사구 삽입   require를 이용한 물주구문

164

much different scales of budget. The most crucial factors in
단문

making a successful movie or novel are intriguing

characters, gripping storylines, and inventive narratives.

What we must therefore do first in order to make our nine-
단문

tailed fox story much more attractive to all audiences is to

renovate the story itself into a much more compelling
전치사구 단문

narrative. And one thing we must refrain from doing, I
복문   관계사절, 압축주어 : we must refrain from doing one thing, and it is to

believe, is to blindly imitate certain elements of
주절을 삽입절로

Hollywood vampire stories or movies, such as spectacular

battle scenes or violent sensationalism.

The two most distinctive features of vampire stories are a
단문

distinct division between the good and the evil, and a great

antagonism between humans and vampires. Vampires feed
복문

on human blood and transmit their disease to their victims,

destroying human life, family and even an entire
유사 분사구문 단문

community; therefore, humans desperately try to

exterminate them by staking, burning, or shooting. The
복문

most frightening aspect in the ferocious confrontation is

that most vampires were once people's beloved family

members, spouses, or friends. Dead people believed to be
복문

reborn as vampires, no matter how much they were loved
부사절 삽입

or respected as a wife or a father, must be (re)killed by

whatever cruel means. This dreadful idea doesn't just come
단문

from the wild imagination of those people working for the

entertainment business. Shockingly enough, some
단문, 부사로 문장 시작

Europeans in the 18th century actually dug up the bodies

of their ancestors or friends and mutilated them by carving
전치사구 단문 : mutilated them and carved

the heart out, decapitating or burning it. It is because they
the heart out, decapitated or burned it.   복문

166

attributed a serious physical or mental problem plaguing
attribute의 용법을 살린 단문

their living family members to vampirism by a dead person

whom they believed to have become a vampire after death.
관계사절   believe를 이용한 수동태 단문

Vampire stories, which are mostly cruel and sensational,
복문   관계사절

were born from Western tradition and history.

Utterly unthinkable is it in our culture that we should or
복문, 보어로 문장 시작한 이중 도치

could disturb our ancestors' graves, much less their
much less 사용한 구문

remains, for any reasons or purposes. Many of us still
복문

believe that their spirits linger around us after death to
전치사구 단문:after they died

watch over us. Even when a spirit is suspected to cause
복문, 부사절로 문장 시작   suspect를 이용한 수동태 단문

some harm to living people, we never see it as a fatal enemy
인식한다는 뜻의 동사 see의 재능을 이용한 단문

to destroy, or the harm as that extensively destructive. Our
불필요한 반복을 줄인 구문   중문

enemy is instead an animal with supernatural powers, and

its evilness is not transmitted to humans. From this
수동태를 이용한 물주구문   단문, 전치사구로

difference come more significant differences.

Vampires can multiply themselves to the extent of the
total number of humankind, but the extraordinary foxes

cannot outnumber humans. First of all, it takes hundreds
of years for a fox to have nine tails, and its 'evil foxism',

unlike vampirism, is contagious neither to its kind nor to
humans. Consequently, while confrontations between
humans and vampires are likely to become a large-scaled

battle or war, those between humans and foxes are not.

In addition, vampires are post-human beings, nine-tailed
foxes are pre-human beings. Instead of multiplying
themselves, the foxes try to contain themselves in order to

advance into a human stage. Instead of destroying a human
family, they try to construct one. What an 'evil' fox mostly

does is to endure human life, usually in the form and role of

전치사구 단문 : taking the form and

a devoted wife, and to run away when its true identity is

role of a devoted wife

revealed. Therefore, there could be no clear-cut distinction

단문, 연결부사로 문장 시작

between good and evil, or ferocious clashes between

humans and creatures. Banishing the 'wicked' creature

압축주어 단문, When they banishes the 'wicked'

from its human family even leaves the family members

creature from its human family, it even leaves...물주구문 가능한 동사로 교체

with an emotional void and remorse.

In taking the precious folk tale of ours to another level,

단문, 전치사구로 문장 시작

we must not, in my belief, discard the basic framework of

I believe의 전치사구 형태

the story: a somewhat wicked but fairly human-oriented

단문

animal creature aspires to be a human only to fail in the

결과를 나타내는 to부정사 단문

end. What is to be changed or improved should relate to

복문

this question: Is the fox 'foxy' enough? Stories about

단문   단문

supernatural foxes are supposed to deliver their

suppose를 이용한 수동태 단문

supernaturally admirable foxiness, regardless of an

전치사구 : whether they have an

unhappy ending. The foxy characters I've seen so far,

unhappy ending or not　　　복문　　　관계사절

however, lack convincing and intriguing multiple layers.

In the ending of most stories, the foxes are, at best, helpless

단문, 전치사구로 문장 시작

victims of human prejudice and greed. The insipid

단문, 압축주어 : The

depiction of the main character leads us to uninteresting

main character is depicted insipidly, and it

morals of the story: We shouldn't try to be something else

중문

against our nature, or humans are sometimes less human

than animals. Both of the morals are too general, neither of

단문　　　　　　　　　　　　유사분사구문 단문

them well representing the complicated sentiments

possibly embedded in the story.

Compare them to this compelling moral extracted from

단문

vampire stories: We must fight against the powerful

복문

influence of any kind of dominant ideology that rapidly

관계사절

spreads and sucks individuality and vitality out of us. Our

수동태 단문

integrity and uniqueness must be protected. That is,

중문, 부사구로 문장 시작

vampires can symbolize dominant ideologies, for vampires

are 'vampiric' enough. So widely acceptable and instructive

복문, 보어로 문장 시작하여 이중도치

is the moral that it effectively supports and enhances the

entertaining quality of the story.

For us to uncover or newly formulate a more excitingly

단문, to부정사로 문장 시작

instructive moral of our fox story, posing the following

압축주어 : If we pose the following

questions might be helpful. For what reasons and purposes

questions, they   단문

would such a being with superhuman powers want to

전치사구 : being that has superhuman powers

become a human in the first place? Why do they disguise

단문

themselves mostly as a devoted wife? In the context of

단문   전치사구 : If we

modern Korean life, what specific differences between fox-

consider the context of...

humans and real humans can be revealed during the

전치사구 : while they are disguising themselves

disguise? What does a fox lose or gain in the process of
단문   전치사구 : while it is enduring human life.

enduring human life? What do humans lose or gain by
단문   전치사구 : if

accepting or expelling it? Exactly whom or what can the
they accept or expel it?   단문

foxes represent? Searching for the answers to these
단문, 압축주어 :   If we search for···questions, it will help···

questions and other related questions will help create far

more intriguing and exciting characters, storylines and

morals. Our simple folk tale will then stand a better chance
단문

of transforming into a domestic or international best-

selling book or blockbuster movie.